本书为 2022 年度福建省社会科学基金项目" 风险投资影响公司盈余管理行为的动态博弈研究"(项目批准号: FJ2022BF039)成果

Management
Insights
管理新视野

STUDY ON THE DYNAMIC GAME OF
VENTURE CAPITAL INFLUENCING CORPORATE
EARNINGS MANAGEMENT BEHAVIOR

# 风险投资影响
# 公司盈余管理行为的
# 动态博弈研究

林智章 著

厦门大学出版社 国家一级出版社
XIAMEN UNIVERSITY PRESS 全国百佳图书出版单位

**图书在版编目（CIP）数据**

风险投资影响公司盈余管理行为的动态博弈研究 /
林智章著. -- 厦门：厦门大学出版社，2024.6
（管理新视野）
ISBN 978-7-5615-9365-3

Ⅰ.①风… Ⅱ.①林… Ⅲ.①风险投资-影响-上市
公司-企业利润-研究-中国 Ⅳ.①F279.246

中国国家版本馆CIP数据核字(2024)第090090号

责任编辑　江珏玙
美术编辑　李嘉彬
技术编辑　朱　楷

出版发行　厦门大学出版社
社　　址　厦门市软件园二期望海路39号
邮政编码　361008
总　　机　0592-2181111　0592-2181406(传真)
营销中心　0592-2184458　0592-2181365
网　　址　http：//www.xmupress.com
邮　　箱　xmup@xmupress.com
印　　刷　厦门市明亮彩印有限公司

开本　720 mm×1 000 mm　1/16
印张　12.25
插页　2
字数　220千字
版次　2024年6月第1版
印次　2024年6月第1次印刷
定价　52.00元

本书如有印装质量问题请直接寄承印厂调换

厦门大学出版社
微信二维码

厦门大学出版社
微博二维码

# 前　言

近年来,我国风投产业发展迅速,风投机构数量、风险资金规模、投资项目数量以及从业人员数量等均大幅度增长。IPO(首次公开发行)上市是风险资本退出的理想方式,风投支持公司在IPO各阶段的盈余管理行为以及风投在其中所起的作用是财务会计研究的重要问题。

本书以风投支持公司和风投机构为研究对象,研究风投支持公司盈余管理行为的动态变化,以及风投机构影响公司盈余管理行为的动态变化。首先构建公司经理、风投机构和其他股东的盈余管理行为三方动态博弈模型,分析公司经理人和风投机构在均衡状态下的盈余管理行为策略。在博弈模型分析的基础上,本书采用非平衡面板回归和均值检验实证分析风投支持公司盈余管理行为的动态变化,采用混合回归的方法实证分析风投机构影响公司盈余管理行为的动态变化,并研究内外制约因素对风投机构刺激公司盈余管理操控的作用。

本书的创新点和学术贡献主要表现在三个方面:

第一,构建包括公司经理、风投机构和其他股东的三方博弈模型,分析风投支持公司在应计盈余管理和真实盈余管理上的行为权衡博弈。相对现有研究仅考虑公司经理和股东,本书具有较大扩展和补充。

第二,综合分析风投支持公司的应计盈余管理和真实盈余管理,包括其程度和行为方式权衡的动态变化。相对于多数研究仅分析单一方面，本书更为全面。

第三，分析风投对公司盈余管理实施影响的倾向，相对于现有文献仅研究风投对公司盈余管理是否存在影响，具有一定的拓展，同时研究了风投影响公司盈余管理的内在和外在制约因素。区别于现有研究仅分析这些因素对风投支持公司的影响，本书扩展为分析这些因素对风投机构的影响，这对现有研究也有一定的拓展和补充。

林智章

2023 年 12 月

# 目 录

第一章 风险投资影响公司盈余管理行为研究概述 ················· 1

第一节 研究背景与问题提出 ······················· 1

第二节 研究思路和研究方法 ······················· 7

第三节 研究内容和研究框架 ······················· 9

第四节 主要创新点 ···························· 11

第二章 风险投资相关理论基础与研究现状 ·············· 13

第一节 理论基础 ····························· 13

第二节 盈余管理行为相关研究综述 ················ 15

第三节 风投机构对公司 IPO 的影响研究综述 ·········· 25

第四节 风投机构对公司盈余管理的影响研究综述 ········ 39

第三章 风投支持公司的盈余管理行为博弈模型 ··········· 50

第一节 模型的构建与求解 ······················· 50

第二节 风投支持公司盈余管理行为的策略 ············ 57

第三节 风投影响公司盈余管理行为的策略 ············ 62

第四节 本章小结 ····························· 64

第四章 风投支持公司的盈余管理行为的动态分析 ………… 66

    第一节 盈余管理程度和行为动态变化的理论分析与
                研究假设 ………………………………… 66

    第二节 计量模型和回归模型的构建 ……………… 70

    第三节 盈余管理程度和行为在 IPO 各阶段的动态分析 …… 81

    第四节 本章小结 ………………………………… 105


第五章 风投影响公司盈余管理行为的动态分析 ………… 107

    第一节 风投影响公司盈余管理行为的动态变化 ……… 107

    第二节 风投影响公司盈余管理行为的内在制约因素 …… 129

    第三节 风投影响公司盈余管理行为的外在制约因素 …… 135

    第四节 本章小结 ………………………………… 159


第六章 研究结论与政策建议 ……………………… 162

    第一节 研究结论 ………………………………… 162

    第二节 政策建议 ………………………………… 166

    第三节 研究局限和研究展望 …………………… 168


参考文献 ………………………………………… 171

# 第一章　风险投资影响公司盈余
# 管理行为研究概述

本章介绍本书的研究背景并提出待研究的问题,阐述本书的研究思路、研究方法、研究内容和研究框架,并总结主要创新点和学术贡献。

## 第一节　研究背景与问题提出

风险投资,英文为 venture capital,简称 VC,在我国通常也被翻译成"创业投资"。风险投资行业已在我国取得了长足发展,但实务界与理论界对风险投资概念的界定存在一定的分歧,对其概念的外延部分有不同的看法,因此,本书首先将对所研究的风险投资进行明确界定。

根据美国风险投资协会(NVCA)的定义,风险投资是由风险投资家投入创新性、高成长性或具有发展潜力的企业中的一种股权性资本。而国际经济合作和发展组织(OECD)将风险投资区分为三种类型:以高科技与知识为基础,生产与经营技术密集的创新产品或服务的投资;专门购买在新思想或者新技术方面独具特色的中小型企业的股份,并促进这些中小型企业形成和创立的投资;向具有发展潜力的新兴企业或者中小企业提供股权资本的投资。我国 2006 年 3 月 1 日施行的《创业投资企业管理暂行办法》规定：创业投资是指向创业企业进行股权投资，以期所投资创业企业发育成熟或相对成熟后主要通过股权转让获得资本增值收益的投资方式。国家发展改革委认为，"风险投资主要是通过向创新型的中小企业进行权益投资，然后对所投企业发展完善后利用股权出售和转让的方式获得资本增值和收益"。

虽然国内外关于风险投资的概念略有不同，但内涵是一致的，即以风险投资基金为主，通过风险投资公司将募集的资金投资于未上市的创新型中小企业，是一种既承担高风险又谋求高回报的投资方式。本书所指的风险投资特指传统意义上的风险投资，而私募股权投资（private equity，简称 PE）通常以非公开的方式向特定人员募集资金，并以股权形式投资非上市公司，同时为被投资公司提供一系列增值服务，最后通过首次公开发行、并购等方式向第三方转让股权以实现退出并获取相应的投资收益。对于私募股权投资及风险投资之间的区别，学术界及实务界并没有形成一致意见。私募股权一般投资于发展期或成熟期的企业，而风险投资则投资于种子期或发展期的企业。本书所指风险投资仅限于在首次公开发行（IPO）之前投资于企业，并通过首次公开发行退出从而实现投资收益的资本方式，因此本书中的"风险资本""风险投资""风投""风险投资机构""VC""VC 机构"这些概念是等同的。此外，本书中的"创业企业""风投支持企业""风投支持公司""风险资本支持企业""被投资企业""VC 持股企业"等均指风险投资机构所投资的企业。

在 20 世纪 90 年代之后，风险投资作为一种支持创业企业家的工具，在培育孵化创新型中小企业、解决就业问题、推动高新科技产业、拉动经济增长点等方面逐渐发挥出巨大作用，成为一个国家创新经济发展的重要推动力量。在理论界,从 20 世纪 70 年代开始,国内外学者对风险投资展开了广泛深入的研究,研究视角也较为丰富,包括其投资过程与策略、退出路径与收益分配、风险投资声誉、IPO 抑价与长期业绩等,这一系列的理论研究结果对于风险投资实务界也产生了一定的影响。近年来,随着中国风险投资产业的蓬勃发展以及相关政策的逐步完善,我国无论是在投资机构总数、筹集的风险资本金总数、投资项目总量,还是在风险投资及基金管理机构的从业人员等方面,都取得了长足的进展。如图 1-1 所示,据统计,2023 上半年我国新成立基金 3933 只,募集规模为 3562 亿美元,同比增加 56%;单笔募集规模达到 9057 万美元,同比大幅上涨。

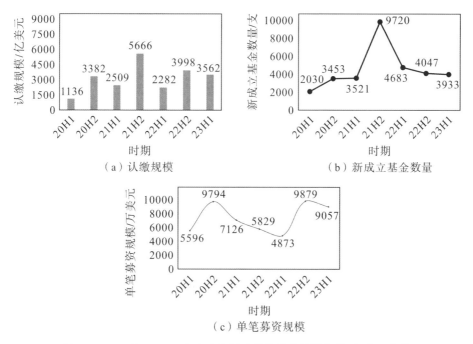

图 1-1　2020 年至 2023 年上半年风险投资基金认缴规模、新成立数量
及单笔募资规模变化图

数据来源:投中研究院。

2023 上半年，PE 市场、VC 市场、早期投资的投资数量占比分别为 22％、60％、18％，同比持平。2023 上半年中国 VC/PE 市场投资数量 3978 起，市场交易规模共计 713 亿美元，如图 1-2 所示。

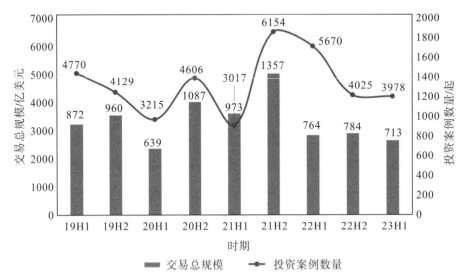

**图 1-2 2019 年至 2023 年上半年 VC/PE 市场投资概况**

数据来源：投中研究院。

风险资本投资创业企业，其最终目的是通过提供一系列增值服务帮助企业成长，而后运用恰当的股权流动方式来实现高额的投资收益。因此，风险投资的成功需要宽松的进入门槛和良好的运行环境作为保障，但更重要的还在于顺畅的退出环节，这关系到风险投资企业者能否顺利收回资本以实现资本的循环流动，进而实现"投资—退出—再投资"的良性循环过程。风险资本的退出方式主要有三种，包括 IPO、兼并收购或股本回购、破产清算等。IPO 这一方式，由于其股本变现或流动较为方便、收益率较高而被广泛采用。Bygrave 和 Timmons(1992)、Gompers(1998) 等学者的实证研究表明，VC 通过 IPO 这种退出方式所获得的资本回报率高于其他方式，因此 IPO 成为大部分风险投资机构实现资本回报的主要方式。

在风险资本所投资企业成功上市之后,股东持有的股权往往存在一定的禁售期,通常为一年。因此,从时间点来看,风险资本在其所投资的企业的历程可以划分为五个阶段:(1)IPO 筹备期(后文用 PRE-IPO 表示),即 IPO 前 2 年;(2)IPO 当期(后文用 IPO 表示),即 IPO 上市当年;(3)锁定期(后文用 LOCKUP 表示),通常为 12 个月,不少风险投资机构会公开承诺在上市超过 1 年以后再逐步减持股份或者完全退出;(4)解锁后退出前(后文用 PRESALE 表示),即解锁后风投继续持有股份或者减持,直至完全退出前;(5)退出后(后文用 POSTSALE 表示),即完全退出所投资的风险企业。具体如图 1-3 所示。

| IPO 筹备期 | IPO 当期 | 锁定期 | 解锁后退出前 | 退出后 |
| PREIPO | IPO | LOCKUP | PRESALE | POSTSALE |

图 1-3　风投支持公司 IPO 前后和风投退出前后的阶段划分

上述五个阶段的划分,区别于现有研究常用的四个阶段划分(IPO 前、IPO 当期、锁定期和解锁后),更有利于全面分析风险投资机构在解锁后退出前对所投资公司盈余管理的影响。

尽管学术界关于 IPO 公司盈余管理的研究较为丰富,但仍然存在不少值得深入探讨的问题。在这五个阶段中,IPO 及 PREIPO,风投支持公司存在着实现成功 IPO 的动机,风投机构如果意图通过成功 IPO 以建立声誉,则存在着与其他股东利益一致的促进或刺激公司盈余管理的可能。在 PRESALE 阶段,风险机构则存在着为追求高项目投资回报率从而刺激公司盈余管理的动机。因此,在这些潜在动机以及公司内外部监督的共同作用下,风投支持公司在这五个阶段的盈余管理程度呈现怎样的动态变化,是值得深入分析的问题之一。

公司盈余管理的行为主要有两种——应计盈余管理和真实盈余管理。国内外学者对公司如何权衡这两种盈余管理行为的研究较为丰富,但大都是在应计盈余管理更容易被外部监督识别的分析下做出判断。并且,这些研究都未考虑风投这一特殊机构投资者的存在。事实上,对于风投支持公司而言,选择何种盈余管理行为,是公司经理、风投机构和其他股东三方博弈均衡的结果。公司经理在三方博弈均衡状态下,根据这两种盈余管理行为的最大化预期收益而做出选择。并且,公司经理的这种权衡在 IPO 各阶段可能存在差异。因此,风投支持公司在不同阶段倾向于选择哪种盈余管理行为方式,即公司盈余管理行为的动态变化,是另一个值得分析的问题。

在风投支持公司的盈余管理中,风投机构起着重要的作用,可能是监督的抑制作用,也可能是侵害的作用,这个作用在各阶段也可能表现出差异。同样,风投机构影响公司的盈余管理,是倾向于影响真实盈余管理,或者倾向于影响应计盈余管理,在不同阶段的行为权衡结果也可能不同。因此,风险投资影响公司盈余管理行为的动态变化,也是另一个值得研究的问题。

在风投机构影响所投资公司的盈余管理过程中,面临各种内在和外在的制约或助长因素。这些因素包括内在的对风投声誉的追逐,外在的审计机构和承销商监督、公司治理环境等。这些因素可能制约或抑制风投对公司盈余管理的影响,也可能助长风投的作为。并且,这些因素所发挥的作用,在 IPO 各阶段也可能存在动态变化。因此,这些因素对风投机构影响公司盈余管理发挥的作用,是本书关注的最后一个问题。

# 第二节 研究思路和研究方法

## 一、研究思路

本书的研究思路如图 1-4 所示。

本书以风险投资的两个重要承载主体作为研究对象,也即风投支持公司和风投机构,研究风投支持公司的盈余管理行为的动态变化,以及风投对公司盈余管理的影响的动态变化。具体的研究思路为:

第一,从理论上,构建包括公司经理、风投机构、其他股东的三方博弈模型,从而分析在均衡状态下,(1)公司经理盈余管理行为的权衡,即倾向于进行应计盈余操控或者倾向于真实盈余操控;(2)风投机构影响公司盈余管理的行为权衡,即倾向于影响公司的应计盈余管理或者倾向于影响公司的真实盈余管理。

第二,从实证上,检验风投支持公司盈余管理的动态变化,包括公司盈余管理程度及公司盈余管理行为在五个阶段的动态变化。

第三,从实证上,检验风投机构影响公司盈余管理的动态变化,包括检验风投机构对公司盈余管理程度及公司盈余管理行为的影响。并进一步检验风投机构影响公司盈余管理所面临的内在和外在制约因素。

第四,讨论研究结果,并提出建议和启示。

**风险投资影响公司盈余管理行为的动态博弈研究**

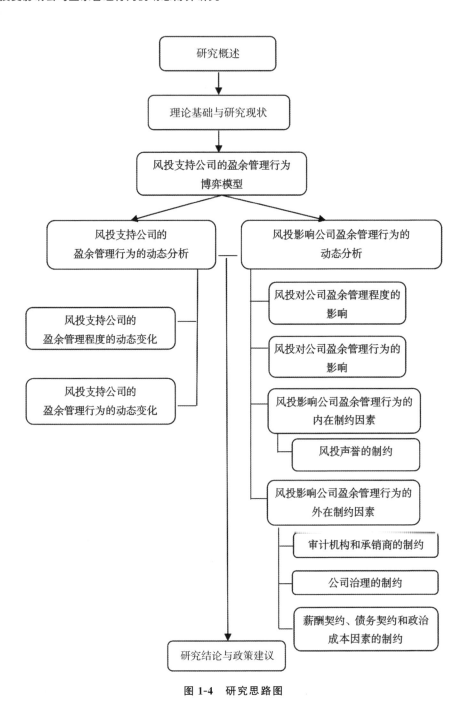

图 1-4　研究思路图

## 二、研究方法

本书综合运用理论分析和实证分析相结合的研究方法。

（一）基于博弈论的理论分析方法

关于风投支持公司在真实盈余管理和应计盈余管理的行为权衡问题，以及风投机构倾向于在真实盈余管理还是在应计盈余管理角度影响公司盈余管理的问题，本书将构建包括公司经理、风险机构和其他股东的三方博弈模型。在博弈均衡状态下，分析公司经理和风投机构的权衡决策。

（二）非平衡面板回归、混合回归的实证研究方法

关于风投支持公司盈余管理程度及行为在 IPO 各阶段的动态变化、风投机构影响公司盈余管理行为的动态分析、内在和外在制约因素对风投影响公司盈余管理的作用等问题，本书将综合采用非平衡面板回归和混合回归的实证方法。

本书严格根据"理论分析与假设提出—实证模型设计—实证结果分析"的逻辑思路对上述问题进行实证检验与分析。

# 第三节　研究内容和研究框架

以风险投资的两个重要承载主体作为研究对象：风投支持公司和

风投机构,本书研究内容主要分为两大部分:

第一部分,风投支持公司盈余管理行为的动态分析。主要研究两个问题:一是风投支持公司盈余管理程度在 IPO 各阶段的动态变化,二是风投支持公司盈余管理行为在 IPO 各阶段的动态变化。具体内容包括:(1)风投支持公司在 IPO 筹备期、IPO 当期、锁定期、解锁后退出前和退出后五个阶段,应计盈余管理及真实盈余管理程度的动态变化,着重分析 IPO 当期和解锁后退出前两个阶段的盈余管理程度。(2)风投支持公司对应计盈余管理与真实盈余管理的行为权衡在各个阶段的动态变化。这个行为权衡的分析,建立在公司经理、风险投资机构和其他股东三方博弈的基础上。

第二部分,风投机构影响公司盈余管理行为的动态分析。主要研究两个问题:一是,在不同阶段,风投机构对公司盈余管理程度及对公司盈余管理行为的影响;二是,检验风投机构影响公司盈余管理所面临的内在和外在制约因素,分析这些因素抑制或者助长风投机构对公司盈余管理的影响。具体包括:(1)风投在各个阶段对公司盈余管理程度的影响。(2)风投在各个阶段倾向于影响公司的真实盈余管理还是应计盈余管理。(3)内在因素(风投声誉)对风投影响公司盈余管理的作用。(4)外在因素(审计机构和承销商,公司治理,薪酬契约、债务契约和政治成本)对风投影响公司盈余管理的作用。

根据上述研究内容和图 1-4 所示的研究思路,本书的研究框架和章节安排如下:

第一章风险投资影响公司盈余管理行为研究概述。

本章介绍研究背景并提出待研究的问题,依次阐述本书的研究思路、研究方法、研究内容和研究框架,总结研究贡献。

第二章风险投资相关理论基础与研究现状。

本章回顾和评述与本书研究相关的基础理论和相关的研究文献。

第三章风投支持公司的盈余管理行为博弈模型。

本章构建风投支持公司盈余管理行为博弈模型,模型包括公司经理、风投机构和其他股东三个博弈方。在均衡状态下,分析风投支持公司盈余管理行为的策略以及分析风投影响公司盈余管理行为的策略。

第四章风投支持公司的盈余管理行为的动态分析。

本章采用非平衡面板回归和均值检验的方法,分析风投支持公司盈余管理程度及盈余管理行为的动态变化。

第五章风投影响公司盈余管理行为的动态分析。

本章采用混合回归的方法,分析风投对公司盈余管理程度和公司盈余管理行为的影响,分析风投影响公司盈余管理的内在制约因素(风投声誉),分析风投影响公司盈余管理的外在制约因素(审计机构和承销商,公司治理环境,管理层薪酬契约、债务契约和政治成本)。

第六章研究结论与政策建议。

本章总结研究结论,提出政策建议,讨论研究局限以及研究展望。

# 第四节　主要创新点

本书的创新点和学术贡献主要有以下三个方面:

第一,针对风投支持公司在应计盈余管理和真实盈余管理的行为权衡博弈,构建了包括公司经理、风投机构和其他股东的三方博弈模型。现有研究主要是根据公司经理盈余管理效用最大化,或者根据公司经理与股东的博弈来分析两种盈余管理行为的权衡,尚未考虑到风投机构这一特殊博弈方的存在。因此,本书的三方博弈模型,是对现有研究较大的扩展和补充。博弈均衡结果显示,公司经理对真实盈余管理监督的变化更敏感,因此,为了适应监督的动态变化,风投支持公司更倾向于进行真实盈余管理。博弈均衡结果同时显示,因为风投支持公司对真实盈余管理监督更敏感,所以风投机构在真实盈余管理实施影响的边际成本更低,风投机构因此倾向于影响公司的真实盈余管理。从对监督敏感度的角度进行分析,也是本书的研究区别于其他研究的地方,并且较为新颖。

第二,同时分析风投支持公司的应计和真实盈余管理,研究了盈余管理程度和行为方式的动态变化。相对多数研究仅仅分析应计或者真实盈余管理的单一方面,本书的研究更为全面。两种盈余管理行为的综合分析,有利于分析公司经理在两种操控方式上的权衡,以及这种权衡在各个阶段的动态变化。

第三,研究风投对公司盈余管理影响的行为倾向,对盈余管理的研究具有一定的拓展。本书研究了风投对公司盈余管理行为的影响,不仅分析是否存在影响,更进一步分析实施影响的行为倾向,是倾向于影响应计盈余管理还是真实盈余管理。相比现有研究仅分析是否存在影响,本书的研究具有一定的拓展。同时研究了风投影响公司盈余管理的内在制约因素(风投声誉)和外在制约因素(审计机构和承销商,公司治理环境,薪酬契约、债务契约和政治成本),分析这些因素在风投影响公司盈余管理的过程中所发挥的约束或者助长作用。区别于现有研究主要分析这些因素对风投支持公司盈余管理的影响,本书则是分析这些因素对风投机构的影响,分析这些因素是抑制还是助长风投对公司盈余管理的作为。由于研究对象不同,这对现有研究提供了一定的拓展和补充。

# 第二章　风险投资相关理论基础 与研究现状

## 第一节　理论基础

本节对支撑本书研究的几个重要理论基础简单进行回顾,主要包括信息不对称理论、不完全契约理论、委托代理理论。

信息不对称理论(asymmetric information theory)是指在市场经济活动中,完全的、充分的信息是不存在的,各类人员对有关信息的了解是有差异的,缔约的一方拥有另一方所不知道的私有信息,掌握信息比较充分的人员往往处于优势地位,而信息贫乏的人员则处于劣势地位。信息不对称使信息的沟通与交流受到阻碍,从而导致沟通摩擦(communication frictions)。从时间上划分,信息不对称可以分为事前的非对称性(逆向选择)和事后的非对称性(道德选择)。

不完全契约的思想最早来源于美国经济学家 Coase 1937 年发表的经典论文,该篇论文描述了有关契约理论的一些概念,他指出:"由于预测方面的困难,有关物品或劳务供给的契约期越长,实现的可能性就越小,从而买方也越不愿意明确规定卖方要干些什么。"(Coase,1937) Grossman 和 Hart(1986)、Hart 和 Moore(1990)通过建立数学模型,正式创建了不完全契约理论。该理论认为,企业本质上是如薪酬契约、生产契约等涉及企业运行各方面的一系列契约的组合,这一系列契约缔结方包含多个利益主体,这些利益主体所追求的目标或者说他们各自的目标函数不完全一致。而我们所处的世界、交易环境是复杂多变的,充满着不确定性,受到个人的有限理性和信息不对称性等因素的制约,这些利益主体所签订的契约总是具有不完备性和刚性,无法预测未来所有可能发生的事情以及穷尽解决方案,因此这些利益主体难以避免会发生利益冲突,这就是"契约摩擦"(contracting frictions)。会计盈余是众多契约尤其是薪酬契约中的重要参数,企业管理层会试图利用会计信息管理权来影响和改变会计信息,使得契约的履行有利于自己的利益最大化,基于此,企业管理层势必存在机会主义,通过盈余管理手段来获取自身的利益最大化。

委托代理理论是建立在非对称信息博弈论的基础上的。非对称信息是指某些参与人拥有但另一些参与人不拥有的信息。在委托代理关系中,委托人和代理人的目标函数常常不一致,委托人的目标是最大化自身拥有的资产,而代理人关注的是如何使自身的收入达到最大化并降低自身所承担的风险,目标的不一致必会导致两者利益的不完全一致,甚至引起冲突。如果缺乏有效约束机制,代理人的一些行为可能会损害委托人的利益。由于现代企业的所有权和经营权是相分离的,企业所有者或者股东本身无法全面观察到企业经营的方方面面,他们获取企业的经营状况通常是借助于对外披露的财务报告。但现有的财务报告往往受限于会计准则等多个原因,其反映的财务数据并不能完全准确及完善。所以,股东所掌握的企业运营信息无法全面准确,通常处于信息劣势地位。相反,由于企业管理者掌控企业经营的整个过程,能充分准确了解内部信息,他们处于信息优势地位。这就产生了信息不对称,而股东和企业管理者彼此之间的目标效用不一致时,企业管理者会以自己的利益需求最大化为出发点并且利用已掌握的信息优势和特殊权利来改变企业的会计信息,从而产生损害股东利益的盈余管理动机。

# 第二节　盈余管理行为相关研究综述

本节对盈余管理行为相关文献进行综述,首先回顾盈余管理概念的研究文献,然后对两种主要盈余管理行为(应计盈余管理和真实盈余管理)关系的研究文献进行综述,最后对盈余管理行为选择影响因素的相关文献进行综述。

## 一、盈余管理概念

从 20 世纪 80 年代起,西方会计理论界就针对盈余管理问题展开了多方位的研究,由于西方国家的证券业发展相对较早而且也较完善和成熟,取得的数据较完整也更为容易,这就为学术界开展盈余管理的实证研究提供了相当有利的条件,因此针对盈余管理的理论研究和实证分析都取得了相当显著的成果。盈余管理是企业中的普遍现象,因此盈余管理成为西方会计学术界研究的一个重要问题。20 世纪 90 年代,我国会计学术界开始对盈余管理展开研究,许多学者采用规范或者实证的方法对盈余管理进行研究,并取得了较丰硕的研究成果。

盈余管理这个概念,最早由美国会计学家 Katherine Schipper 提出来,她将盈余管理直接定义为一种"披露管理"行为,认为盈余管理实际上是企业经理层考虑个人的利益,有目的地控制和干涉对外财务报告过程,从而破坏对外财务报告的中立性。同时,她也对盈余管理的产生条件和盈余管理的经验检验方法做了初步论述。对于盈余管理的内在含义,目前没有一致的定论。国内外学者对盈余管理定义的研究一般是从盈余管理的目的、对象、方式和方法的合规性来着手展开研究的:

第一种定义是从企业管理层进行盈余管理的动机与目的出发,认为盈余管理就是企业管理层为了谋求自身利益,误导其他会计信息使用者对企业经营业绩的了解或影响基于会计数据的契约的执行结果,编制财务报告以及"构造"一些交易事项以改变根据财务报告做出判断和会计选择的过程(魏明海,2000;邓凤姣、邓凤兰,2003)。

第二种定义是从企业管理层提供的财务报表上的盈余管理信息的质量出发。如 Goel 和 Thakor(2003)认为盈余管理就是使财务报表上的公司盈余能达到企业管理层所期望的盈余水平,而非遵照企业真实业绩表现的做法。

第三种定义是从企业管理层在编制企业财务报表时是否根据自己的判断或观点对会计数据进行策略性的调整出发。如 Watts 和 Zimmerman(1990)认为会计准则允许企业管理层自行对某些事项进行判断,从而可能会导致盈余管理行为,而这种行为无法判断是不是欺诈行为。有的学者认为企业管理层必须对财务报表中存在的大量事项做出判断,而判断的目的是向利益相关者提供更有用的决策信息(陈宇学,2001;陈韶君,2003)。

第四种定义是从编制财务报表是否遵守会计准则出发。这种定义又细分出三种观点。第一种观点认为盈余管理是企业管理层滥用会计准则操纵企业经营数据的一种行为(Magrath and Weld,2002);第二种观点由加拿大会计学家 Scott(1997)提出,他强调盈余管理行为不会超出会计准则规定的范围且具有经济后果。第三种观点认为盈余管理是企业在会计准则所允许的范围内,选择合适的会计政策以实现自身效用或者公司市场价值的最大化,有意识地把财务报表上的盈余调整至自身所期望的水平的一种行为(Brown,1999;顾兆峰,2000;陆建桥,2000;陈建歧,2001;周长青、章永奎,2001)。

## 二、盈余管理行为关系

国内外学者对公司盈余管理行为的研究成果较为丰富,主要集中在盈余管理行为手段、行为制约因素、行为之间的关系等方面。盈余管理行为主要归纳为应计盈余管理与真实盈余管理两种行为方式,应计盈余管理是通过选择不同的会计处理等方式以掩饰真实的业务表现,它并不会改变公司的真实经营活动;而真实盈余管理主要是通过改变公司的真实经营活动来调整当期收益。这两种类型的盈余管理行为都源于利益相关者增加或者降低盈余的初衷。学术界研究了这两种盈余管理行为之间的相互关系,以及经理人如何在这两种盈余管理行为之间进行权衡,大多数研究结果都认为应计盈余管理与真实盈余管理之间具有替代关系。

Graham 等(2005)研究指出,应计盈余管理的操作时间一般在公司财政年度末,而真实盈余管理则在公司整个财政年度都有发生,因此应计盈余管理发生的时间在真实盈余管理之后。假如公司仅仅依靠应计盈余管理,那么承担的风险是,在财政年度末,公司可能无法达到预期的业绩目标。因此,公司如果只是选择单一的应计盈余管理行为,是具有一定的风险性的。此外,由于应计盈余管理容易被外界尤其是审计部门所识别及监管,因此,公司更愿意采用真实盈余管理的手段来实现短期经营目标。应计盈余管理与真实盈余管理存在相互替代的负相关关系。

Cohen 等(2008)对实施 Sarbanes-Oxley 法案的影响进行了研究,发现该法案实施之后,经理人进行公司盈余管理的手段发生了变化,由应计盈余管理转换为更加隐蔽及更加不易计量的真实盈余管理,这说明在法案后期,公司经理人为了避免操纵应计项目容易被外界所识别,逐步转换为通过真实盈余管理行为来实现收益目标。因此,应计盈余管理和真实盈余管理之间存在着替代效应。

Koh 等(2008)探讨了 SOX 法案实施后 IPO 公司的盈余管理,以及 IPO 公司达到或者超过分析师业绩预期的盈余管理倾向,研究发现,在出现会计丑闻的 20 世纪末及 21 世纪初,IPO 公司的应计盈余管理行为有所减少,并且,为了达到或超过分析师预期值,IPO 公司越来越依赖操纵未来的现金流。

Gunny(2010)对比了企业在 SOX 法案实施前后的盈余管理情况,结果发现,在 SOX 法案实施前,企业主要利用应计项目的盈余管理,但在 SOX 法案实施后,应计盈余管理突然下降,而真实盈余管理的强度却急速上升,很显然,这两种盈余管理行为存在着替代关系。

Chi 等(2011)研究了美国资本市场,结果发现,当面临高质量的审计机构时,上市公司很难进行应计盈余管理,因此公司管理层就倾向于通过真实盈余管理来操控利润,因此,应计盈余管理与真实盈余管理存在着负相关关系,也就是说它们之间是替代关系。

Zang(2012)研究了公司经理人权衡应计盈余管理和真实盈余管理的成本后采用何种操纵盈余手段的行为进行实证研究,得到结论:经理人认为通过真实活动来操纵公司利润与操纵应计项目这两种操纵盈余的手段是相互替代的关系,主要原因是在市场竞争压力、财务状况、审计质量和法律环境等外部制约条件下,应计盈余管理与真实盈余管理的成本具有相互比较优势。如果市场竞争压力高、财务状况不佳、审计质量低、法律环境松懈,经理人采用应计盈余管理的成本低于采用真实盈余管理的成本,因此经理人会倾向于选择应计盈余管理。反之,经理人倾向于选择真实盈余管理。并且指出,随着外部监督力度的加大,IPO 公司当期的应计盈余管理程度减弱,而真实盈余管理水平却显著上升。

而在中国资本市场背景下,关于应计盈余管理和真实盈余管理的关系的研究,有些学者得到了与国外一致的结果,有些学者却得到了相反的结论。

李彬等(2009)从会计弹性的视角,研究了 IPO 公司的真实盈余管理,将应计项目的调整空间视为会计弹性,研究表明,会计弹性与真实盈余管理间存在着负相关关系,会计弹性越大的 IPO 公司,公司可操作盈余管理的应计项目越多,因此公司将选择应计盈余管理行为。相反,会计弹性越小的 IPO 公司,可操控的应计项目空间越小,于是更依赖于真实盈余管理的方式来实现收益目标。

李增福等(2011)研究我国 2007 年所得税改革后各类 IPO 公司的盈余管理行为特征,结果发现,IPO 公司可能会根据预期税率的变动来选择相应的盈余管理行为。当预期税率上升时,IPO 公司依赖于采取真实盈余管理来操控正向的盈余管理;当预期税率下降时,IPO 公司则依赖于操控应计项目来实施负向的盈余管理。

李增福等(2011)还发现管理层薪酬、国有控股和公司规模、债务水平均与应计盈余管理负相关,而与真实盈余管理正相关。他们指出,应计项目的盈余管理与通过真实活动操控的盈余管理之间存在着一定的相互替代关系。

王良成(2014)研究了在中国经济转型特有的制度背景下的应计盈余管理与真实盈余管理之间的关系,得出结论:在国内的资本市场上,应计盈余与真实盈余存在"二元关系"——替代关系与互补关系。在应计盈余与真实盈余之间,市场竞争压力存在明显的成本比较优势,导致了应计盈余管理与真实盈余管理之间的替代关系;在应计盈余与真实盈余之间,控制利益及管制压力不存在显著的成本比较优势,反而是应计盈余与真实盈余的驱动因素导致了应计盈余管理与真实盈余管理之间的互补关系。

何威风和陈莉萍(2019)研究发现,实施 EVA 考核后,中央企业偏好应计盈余管理,而不偏好真实盈余管理,且应计盈余管理与真实盈余管理之间存在替代效应。张静和陈淑芳(2021)通过研究上市公司发现,实施股权激励的上市公司,高管进行真实盈余管理的程度更高;股权激励强度越强,真实盈余管理程度越高。

部分学者研究发现,在企业的不同发展阶段,公司经理人会采取不同的盈余管理程度及行为(Morsfield and Tan,2006;朱朝晖 等,2018)。

相反,国内一些学者的研究结果表明这两种盈余管理行为并非替代关系。

刘启亮和何威风(2011)研究指出,中国的法律环境水平提高之后,应计盈余管理并没有得到抑制,而是变得更激进,因此应计盈余与真实盈余管理之间并非替代关系。

孙刚(2012)通过研究机构投资者持股受限与企业真实盈余管理幅度的关系,发现监督动机较强的机构投资者的持股比例与被投资企业的真实盈余管理幅度和发生概率呈现显著的负相关关系,并且,机构投资者所持有的受限流通股比例与企业应计盈余管理和真实盈余管理水平均呈现显著的负相关关系,也就是说,监督动机强的机构投资者在一定程度上可以有效地抑制应计盈余管理与真实盈余管理,这表明了应计盈余与真实盈余不存在替代关系。

程小可和郑立东等(2013)以沪市 A 股上市公司为研究对象,基于内部控制资源披露视角,研究了内部控制对真实盈余管理的影响,结果发现公司的内部控制可以有效地抑制应计盈余管理与真实盈余管理,这说明了两者之间并不存在替代关系。

## 三、盈余管理制约因素

公司盈余管理行为的选择除了受公司经理人主观判断影响外,还受到一系列内外部因素的影响,这些因素又对公司盈余管理行为产生哪些制约影响,这些影响与公司盈余管理行为选择又有哪些内在联系。国内外学者对盈余管理行为制约因素主要从薪酬契约、债务契约、公司治理结构、政治成本、制度因素、外部监督机制、机构特征等方面进行考虑,不同制约因素对盈余管理及行为产生不同的影响。本书重点从研究机构特征、薪酬契约、债务契约、公司治理等方面对公司盈余管理影响的文献进行综述。

### (一)公司治理与盈余管理

国外学者比较早地关注到公司治理与盈余管理的关系,Fama 和 Jensen(1983)就指出,公司董事会中的独立董事比例越大,越有利于企业有效的自愿性披露。Ganech 和 Wright(1996)研究表明,公司治理机制不健全,则其信息披露的质量越差,导致公司更多的盈余管理操作。国内外学者主要把公司治理结构特征分为董事会特征(如董事会规模、独立董事比例等)、股权结构、外部治理(如审计机构等)。

1.董事会特征与盈余管理

董事会规模被广泛认为对公司治理效率具有重要影响(Lipton and Lorsch,1992;Jensen,1993)。学者的实证结果表明,董事会规模与盈余管理存在显著的正相关关系(Dechow et al.,1995;Beasley and Mark,1996)。有些学者的研究却表明,公司董事会越大,反而可能产生沟通及监督力度下滑,出现搭便车的现象,最终并不能抑制管理层盈余管理的可能性,两种不存在显著的正相关关系(蔡宁、梁丽珍,2003;Abbott et al.,2004;吴清华、王平心,2007)。

独立董事的比例也是董事会的重要特征,由于独立董事具有更好的专业度且与公司不存在明显利益趋同,因此独立董事对公司的监督作用更有效。独立董事的引进,投资者期望得到外部的监督和决策上的支持。Beasley 和 Mark(1996)研究表明,公司董事会中的独立董事比例越高,公司发生财务欺诈的可能性越低。Ronald 等(2004)和 Peasnell 等(2005)的实证结果也表明了独立董事能有效抑制公司的财务舞弊,提高公司的盈余质量。

2.股权结构与盈余管理

股权结构影响着企业的治理效率,它对企业的经营理念以及监督力度都有着明显的影响。大股东或者控股股东利用控制权,侵占中小股东利益以谋取私利等问题已被证实,尤其在中国资本市场这一现象更为严重。因此,股权集中度越高,大股东谋私利的动机更强烈,更有可能采用盈余管理手段,其财务报表的质量会越差(La Porta et al.,1999)。

Demsetz 等(1985)就指出,公司的股权集中度与盈余管理风险存在显著的正相关。Fan(2007)、Fan 和 Wong(2002)的研究结果也证实了上述结论。苏卫东等(2005)指出,第一大股东的持股比例越高,上市公司的管理费用越高,盈余管理程度也越高。

3.审计机构、承销商声誉与盈余管理

(1)审计机构与盈余管理

Titman 和 Trueman(1986)提出审计师信号理论,真实价值及会计质量越高的企业越倾向于选择更好的审计机构,此时审计机构的质量就作为一个信号传递给投资者,审计机构的质量越好,对企业的盈余管理程度的抑制能力越强。

后续较多的研究指出,享有高声誉的审计机构,具有强烈的动机来监督其审计或者承销的公司,从而抑制公司盈余管理行为(Morsfield and Tan,2006;Gioielli and Carvalho,2013)。

审计机构的质量除了影响公司盈余管理程度,也影响了公司盈余管理行为的选择。Chi 等(2011)研究发现,当面临高质量的审计机构时,公司管理层就倾向于利用真实盈余管理的方式来操控利润。Zang(2012)研究发现,当审计质量较高时,经理人倾向于选择真实盈余管理,随着外部监督力度加大,IPO 公司当期的应计盈余管理程度减弱,而真实盈余管理水平却显著上升。

(2)承销商与盈余管理

Chang 等(2010)指出,承销商声誉与 IPO 公司上市当年的盈余管理程度呈现显著负相关关系。Lee 和 Masulis(2011)研究发现,高声誉的承销商与 IPO 公司上市前一年的盈余管理程度负相关,并且高声誉的承销商与高声誉的风投机构相互作用,能够显著地降低 IPO 公司的盈余管理程度,这两者的声誉呈现互补关系。

国内关于承销商声誉治理机制的研究结果与国外存在不同。徐春波(2008)采用三种不同的标准衡量我国承销商声誉,发现承销商声誉与 IPO 企业质量的正相关关系不存在。Chen 和 Shi 等（2013）则发现，如果 IPO 公司是非国有企业，则承销商的声誉越高，IPO 前的盈余管理程度越低，但是对于国有企业，这种负相关关系并不成立。

（二）薪酬契约与盈余管理

Healy（1985）研究了管理层薪酬与公司盈余管理的关系，结果表明在设置根据公司业绩给管理层发放奖金的公司，管理层会通过盈余管理来实现个人奖金最大化。李延喜和包世泽（2008）研究了薪酬契约与公司盈余管理行为的关系，结果发现，管理者的薪酬越高，公司应计盈余管理程度越高。

有部分学者研究了高管薪酬契约中的股权激励与公司盈余管理的关系。Warfield 和 Wild（1995）研究表明，管理层持股比例与公司盈余管理水平呈现显著的负相关关系。陈千里（2008）研究了股权激励契约与盈余管理的关系，结果表明，股权激励过高会导致管理层对国有资产、小股权利益的侵占，反而影响了盈余管理行为监管的有效性。

（三）债务契约与盈余管理

Watts 和 Zimmerman（1986）的债务契约假说认为，企业负债率越高，公司经理存在操控企业盈余的动机越大。Roychowdhury（2006）研究表明，美国上市公司的资产负债率与真实盈余管理呈现正相关关系，公司负债比率越高，企业盈余管理程度越高。当然，资产负债比率越高，也意味着债权人对公司的经营状况关注度更高，出于对这种关注的忌惮，经理也可能降低其盈余管理。并且，严格的债务契约能在某种程度改善公司的公司治理，也因此限制公司经理的盈余管理（陆正飞、祝继高，2008）。

# 第三节　风投机构对公司 IPO 的影响研究综述

本节为风投结构对公司 IPO 影响的文献综述,首先分析了风险投资机构的独特特征,其次对风投机构的投资运作过程做了分析,最后列举了风投机构对公司 IPO 影响的几个理论学说及相关研究文献。

## 一、风险投资的特征

风险投资是一种特殊的创新投资方式,具有与一般投资活动相似的性质,例如赢取资本的增值,但它还具有自身的特征。

### (一)高风险性

这是由风险投资对象的企业性质所决定的。风险投资的对象一般为具有高新技术或者具有高成长潜力的未上市的中小创业企业,这类企业规模较小,成立时间较短,管理经验不够丰富,企业的治理结构也不完善,向银行贷款的数额不足以支持科技研发及企业经营,企业所处的宏观环境和微观环境的不稳定性和不确定性导致企业在开发新技术时会面临许多未知的风险,并且,高新技术转化为新产品时,要经过一系列的环节(如技术研发、技术转化、产品试销、扩大生产等),每一个环节都存在失败的风险,这些因素决定了风险投资具有高风险性。风险投资采取的投资方式一般是股权投资,为的是在企业内部建立起"共担风险,共享利益"的机制。因此,风险投资既有别于一般股权投资,也与贷款形式的投资不同。

### (二)高收益性

风险和收益是相互伴随的,高风险投资意味着获取巨额利润的机会。张景安(2008)研究发现,一般来说,投资于新创立或处于研发技术阶段的企业,需 40% 左右的年回报率;投资于市场投入阶段和成长阶段的企业,需 30% 左右的年回报率;而对于即将上市的公司,要求 20% 以上的年回报率。只有达到 20% 的年回报率才能弥补风险投资的高风险。为了规避风险,风险投资机构会在多个行业进行分散投资,尽管投资成功率只有 20%,但是只要一个投资项目获得成功,就足以弥补其他失败项目所发生的损失。

### (三)流动性低

风险投资资本的流动性很低。风险投资机构一般在创业企业刚创立阶段就开始投入资金,在扶持企业经营稳定进入发展成熟阶段后,风险投资机构会通过各种途径撤出投资资金。这类投资项目一般经历四个阶段——创立、开拓、成长、成熟,其投资周期较长,一般为 3~7 年。房四海(2010)调查了美国具有风险投资背景的企业,发现这类企业实现收支平衡平均需要不到 3 年时间,达到原始股本价值需要 6 年多的时间。如果风险采取的退出机制或者退出渠道不健全,投资资金的撤出会非常困难,因此,风险投资的流动性很低。

### (四)专业化要求较高

风险投资具有高风险性,因此要求风险资本家的专业化程度较高,也要求风险资本家选择项目要谨慎筛选。风险资本家要利用其专业知识和丰富的实践经验来帮助创业企业制定合适的发展规划,提供优质的增值服务,如有必要,风险资本家可能会参与创业企业的经营管理。

## 二、风险投资的运作过程

风险投资运行的主体由三方组成,一方是投资者,此为风险资本的供给方;一方为创业企业,此为风险资本的需求方;一方为风险投资机构,此为风险资本的操作方。风险投资的过程可分为融资、投资、管理、退出四个阶段。具体的步骤如下:

1.融资阶段。风险资金由风险投资机构募集而来,其来源渠道包括个人、政府、外资、金融机构、保险集团、企业集团等。

2.投资阶段。首先,风险投资机构对创业企业的创新能力、市场发展前景、技术的可行性、项目的投资风险等因素进行大致的评估分析,挑选出具有获利潜力的投资对象。之后,风险投资机构与创业企业将协商一系列问题,包括投资规模、资金投入方式及组合、股权分配、利润分配、职务安排、双方的权利和义务等,达成一致意见后,风险投资机构与创业企业签订投资合约。

3.管理阶段。风险投资异于一般投资活动的一个重要特点是风险投资机构参与被投资企业的管理。合约签订完毕,风险投资机构将参与创业企业的经营管理,协助企业制定发展规划,完善企业的财务规划,参与企业的重大决策,定期审查财务报告,评估企业的风险,为企业提供咨询服务,帮助企业顺利公开上市。

4.退出阶段。风险投资运营的最终目的是实现风险资本的持续快速增值,而顺利退出被投资企业是实现资本增值、获得增值收益的唯一方式。风险投资的退出方式主要有四种:(1)首次公开上市(IPO),指将创业企业改组为上市公司,风险投资的股份通过资本市场第一次向公众发行,实现资本回收和增值,这是绝大多数学者认为的最佳退出方式;(2)并购,指将所持有的创业企业的股权出售给第三方;(3)股权回购,指创业者或创业企业向风险投资机构购回自己公司的股份,重新获得企业的控制权;(4)破产清算,这是风险投资最不理想的选择,如果创业企业成长缓慢、未来收益前景不佳,尽管清算退出会带来损失,但也是明智之举,风险投资机构可以及时回收风险资本投入另一个更有前景的项目,避免风险资本被不良企业套牢。风险投资的运作过程如图2-1 所示。

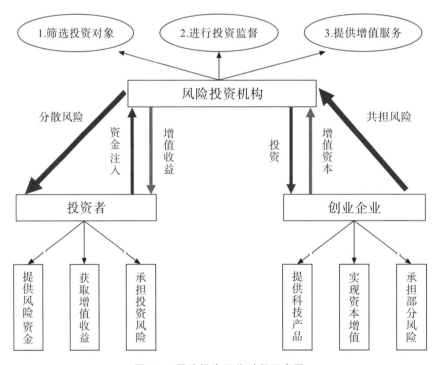

图 2-1　风险投资运作过程示意图

## 三、风投机构对公司 IPO 的作用研究综述

对于企业而言,选择上市的时间应该是公司发展阶段的快速成长期,上市时能获得巨大股权资本,有利于改善其资本结构,促进企业的主营业务发展,有利于企业的再度融资及扩大资金规模,增强企业抵御风险的财务能力。因此,理论上而言,公司上市后,其经营业绩将得到一定增长。但是,国内外学者的许多实证研究表明,部分上市公司出现"IPO 效应",即企业的经营业绩在 IPO 前大幅增长,而在 IPO 后难以维持其上市前的业绩水平,上市后的三到五年企业经营业绩显著下降,前后呈现出倒"U"形走势。风险投资机构将资本投入具有发展潜力和良好市场发展前景的企业,当投资资本获得最大增值后,风险投资机构一般采取转让股权的方式将增值资本撤出企业,转而投资下一个项目。IPO 使得风险投资获得巨大的资本回报率,通常被认为是最理想的退出方式。对于风险投资支持的企业而言,其在 IPO 前获得风险资金的支持,并获得风险投资机构提供的许多增值服务,有利于公司的治理和发展,其经营业绩得到很大提高,但风险投资在企业 IPO 后将选择合适的时间退出。学术界对于风险投资对上市公司的作用有多种说法,一些学者认为风险投资对被其支持的企业有一定的促进作用,然而有些学者则认为有风险投资支持的企业比没有风险投资背景的企业的经营绩效更差,在 IPO 后的市场表现也更差,风险投资对企业起到消极作用。根据大多数学者的研究成果,可以归纳出以下四种假说。

（一）认证假说（certification hypothesis）

该假说主要将信息不对称理论用于资本市场。资深的风险投资机

构为了维护并提高自己的声誉,会发挥专业优势,筛选出市场上的优质企业,并吸引高质量的会计师事务所和承销商等中介机构。这些机构的参与向外界传递了"企业是高质量的"这一信息,有效地降低了创业企业及其利益相关者的信息不对称,使得企业的内在价值与发行定价尽可能保持一致,从而使抑价程度更低。

Booth 和 Smith(1986)提出了第三方认证理论,认为当不知名的小企业上市时,如果存在满足一定条件的第三方认证,则信息不对称问题就能得到一定程度的缓解。

Allen 和 Faulhaber(1989)预言了拟上市公司为了取得上市资格、募集资金、抬高股票发行价,其管理层及主要股东会刻意隐瞒公司的内部信息、美化公司的财务报表以吸引外部投资者,这就引发了上市公司及其利益相关者之间的信息不对称问题。但如果存在第三方对股票发行方进行认证,就可以减轻信息不对称程度。关于第三方的认证资格,需要满足两个条件:第一,具备信誉资本,并且它进行伪认证的最大可能收益小于其信誉资本;第二,上市公司获得其认证服务须支付较高成本,并且该成本随着公司内部信息范围与重要性的增加而增加。许多学者已证明投资银行和会计师事务所可以充当第三方认证,随后又有学者进一步证实作为上市公司股东的风险投资机构也具备认证功能。

Megginson 和 Weiss(1991)首次提出了"认证假说",他们选取了1983 年 1 月至 1987 年 9 月在美国上市的行业与发行规模相同的 1833家上市公司作为研究对象,将样本分为有 VC 持股企业和无 VC 持股企业,采用配对样本检验的方法,研究发现 VC 持股企业的 IPO 抑价率、上市的总费用和 IPO 效应比无 VC 持股企业显著要低,同时更容易吸引高质量的会计师事务所和承销商的参与。风险投资在 IPO 及上市后的公司管理中发挥着正向的作用,是因为风险投资机构可以作为上市公司的第三方信誉保障,对公司是否合格具有认证作用,在参与上市的过程中会保证该公司的 IPO 财务报告质量更高、财务信息更加真实和公允,部分替代和补充银行与承销商对上市公司的保证和推荐,降低在 IPO 过程中产生的信息不对称,可以帮助市场上其他投资者对企业价值进行客观评估。风险投资机构能更好地发挥第三方的认证作用,主要原因有两点:第一,风险投资机构能向 IPO 市场传递上市公司的真实价值。由于风险投资机构持有上市公司的股份,介入企业管理的程度更深,对上市公司的真实经营情况更为了解,并且在董事会拥有发言和投票权,因此相比于其他第三认证方,风险投资机构能更加清楚地了解公司的信息和真实价值。第二,风险投资机构有动力向 IPO 市场传递上市公司的真实价值。风险投资机构对自身声誉的重视能够激励其避免可能发生的错误验证,如果 VC 持股企业在 IPO 过程中出现问题,则风险投资机构的声誉会受到很大影响,为了保护自身的声誉,风险投资机构会积极公开公司的真实价值。

Sahlman(1990)描述并分析了风险投资框架,专注于风险投资者和他们所投资企业之间的关系——最佳匹配,一项成功的投资是一个双向选择,风险投资选择他们认为能够带来最大收益的投资项目,而被投资企业则在预见或是认同风险投资方可能带来的巨大收益时,才引入风险投资。风险投资者在决定对企业投资时会引入专业财务知识并建立恰当的薪酬激励制度,风险投资的进入可以减少企业运营成本,并抑制企业进行非利益最大化的行为。他认为声誉机制可以控制风险投资的错误认证,声誉作为一种重要资本,对风险投资机构能否成功地退出以及盈利程度有着非常重要的影响。他指出行业声誉越高的风险投资机构发生"躁动效应"的概率越小。

Barry 和 Muscarella 等(1990)认为声誉高的风险投资机构的认证

作用更加明显,能有效降低企业的 IPO 抑价率和信息不对称,并对外释放企业高质量的信息。

Lin 和 Smith(1998)选取 1979—1990 年的 2634 家美国上市公司,其中 VC 持股企业为 497 家,占比为 18.87%,研究发现 VC 持股企业的 IPO 抑价率显著低于无 VC 持股企业(前者为 12%,后者为 17%),并且参与 VC 持股企业的承销商的资质显著优于无 VC 持股企业,他们认为原因在于,风险投资的支持向外界传递了积极的信息,有效降低了上市时的信息不对称,降低了抑价率和发行成本。

Francis 和 Hasan(2001)也对风险投资的认证作用进行研究,他们选取 1990—1993 年美国的上市公司作为样本,对比 425 家 VC 持股企业和 429 家无 VC 持股企业,结果发现 VC 持股企业的 IPO 抑价程度更高,但是承销商的质量更高并且发行成本也更低,验证了风险投资机构在一定程度上具有认证的作用。

Wang 等(2003)对新加坡市场进行研究,采用配对检验的方法,研究发现,风险投资的支持使得企业的 IPO 抑价得到降低,并且吸引了更资深的承销商,但没有降低企业的承销费用和发行成本,因此,风险投资的认证作用只是部分得到证实。

Chahine 和 Filatotchev(2008)基于法国市场数据研究结果也支持风险投资的认证作用及监督作用,他们选取了 1996—2002 年的法国上市公司作为研究对象,结果表明风险投资的持股不仅使企业的 IPO 的抑价率下降,并且 IPO 后一年的市场经营和预期盈余都表现良好,在此基础上,由资深的承销商参与 IPO 的企业会有长期的超额收益。

唐运舒和谈毅(2008)选取了 1991—2006 年香港创业板市场的 220 家上市公司为研究对象,经实证研究得出,风险投资显著地影响所投资企业的 IPO 时机的选择和 IPO 后企业的经营绩效,并且 VC 持股企业的 IPO 定价能力比无 VC 持股企业强,这说明香港创业板市场上的风险投资已初步具有第三方认证的功能。在 IPO 后,VC 持股企业的经营业绩下降幅度显著低于无 VC 持股企业,并且,在控制了盈余管理等因素的情况下,风险投资的持股比例与 IPO 后的经营业绩成正比关系。

寇祥河等(2009)研究发现,风险投资的认证功能在不同的资本市场上存在一定的差异性,实证研究结果表明,在美国纽交所、纳斯达克市场上市的中资企业,风险投资发挥了部分的认证功能,但在深圳中小板上市的风投支持企业却不支持认证功能的假设。

杜传文和叶乃杰(2010)通过构建横截面多元回归模型对 IPO 效应的影响因素进行了实证研究,结果表明,在 IPO 前 VC 持股企业的盈利能力、偿债能力优于无 VC 持股企业,在 IPO 后 VC 持股企业的盈利能力优于无 VC 持股企业,虽然中小板企业整体上存在 IPO 效应,但无 VC 持股企业的经营业绩下滑幅度明显大于 VC 持股企业。

郭倩(2010)采用配对实证分析的方法对风险投资参与我国中小企业板 IPO 的"认证作用"进行检验,结果表明,优质的风险投资机构具有良好的认证作用,向投资者传达了企业优质的信息,有效降低了 IPO 抑价程度。

李玉华和葛翔宇(2013)实证研究了创业板上市企业,结果表明,在 IPO 不同阶段,风险资本的发挥有所不同。在 IPO 前,风险资本能够发挥监督作用,其企业盈余管理程度较低;而在 IPO 时,风险资本支持企业的 IPO 折价率显著较低,风险资本发挥了认证作用。

(二)"监督"假说(monitoring hypothesis)

风险投资机构利用专业优势筛选出优质企业,即使初期筛选出的企业质量不高,风险投资机构也可以通过提供增值服务使企业的质量上升,风险投资机构通过委托—代理方式监管被投资企业,使用各种方法监督控制管理层的机会主义行为,这些方法包括阶段融资、参与董事会、建立规范的法人治理结构和限制性的法律合约等。风险投资机构为企业提供增值服务,改善企业的经营管理,使得企业的 IPO 抑价率更低,对企业上市时的盈余管理行为有一定的监督作用。

Barry 和 Muscarella(1990)首次提出"监督假说",针对 1978—1987 年在美国上市的 VC 持股企业 IPO 抑价率较低的问题,认为风险投资机构可以筛选出更具有成长性和潜在盈利性的公司,VC 持股企业与同期上市的其他公司相比,不仅 IPO 抑价程度低,而且其在 IPO 过程中也实现了成本最小化和收益最大化。风险投资者不仅提供资金,还通过参与董事会等管理方式来监督被投资企业,风险投资的监督服务被认为是提供给企业的增值服务,而这种增值服务向市场传递了该企业资质优良的信号,从而获得了资本市场上低抑价发行的回报,企业无须采取更低的抑价来吸引外部的投资者。与无 VC 持股企业相比,风险投资的监督职能不仅增加了自身的投资收益,也在很大程度上提高了被投资企业的远期成长性。

Sahlman(1988)认为风险投资者充分利用自身丰富的投资经验向被投资企业提供有价值的战略性建议,并通过可转换优先股和股份期权、多阶段投资等方式促进被投资企业的成长,这些举措能使风险投资者和被投资企业之间的权利和义务得到合理分配,并且能有效改变信息不对称性,提升被投资企业的质量。

Bygrave 和 Timmons(1992)的研究表明,风险投资者不仅协助企业招聘高级管理人员,为公司提供新的商业机会,并且给予企业有价值的指导性意见和战略性建议。

Jain 和 Kini(1994)以北美地区证券市场的公司为研究对象,实证分析结果发现,具有风险投资背景的上市公司在上市 5 年内的业绩表现相比于上市之前有所下降,他们认为主要原因包括:上市后企业的所有权被稀释而产生利益冲突;上市的信息粉饰;企业一般选在市场运行较良好的阶段上市,而好的经济形势没能继续延续下去。

Brav 和 Gompers(1997)对比研究了 1975—1992 年美国 934 家 VC 持股企业和 3407 家无 VC 持股企业,得出结论:(1)VC 持股企业的长期经营表现比无 VC 持股企业要好(利用平等加权回报率来衡量公司业绩,前者在 IPO 后 5 年的到期持有平均收益率约为 45%,但后者仅约为 23%);(2)VC 持股企业在 IPO 后退市的比例显著低于无 VC 持股企业;(3)虽然有 VC 持股和无 VC 持股的企业在 IPO 后的经营业绩均会下滑,但是 VC 持股企业的净资产利润率显著高于无 VC 持股企业,其原因在于风险投资的介入降低了投资者和被投资企业的信息不对称水平,风险投资还积极参与企业的经营管理,使得企业的长期经营业绩表现要优于无 VC 持股企业。

Hellmann 和 Puri(2002)检验了风险投资对 IPO 公司发展的重要影响。他们认为,风险投资不仅向所投资企业注入资金,并且还为其提供人力资源管理监督、职工优先认股权计划的监管以及商业计划和发展规划,因此 VC 持股企业比同行业中无 VC 持股企业有更大的发展空间和价值提升。对于被投资企业而言,风险投资者比传统的金融中介机构扮演着更重要的角色。

Kaplan 和 Strömberg(2003)的研究表明,企业在一定程度上允许风险投资机构在各方面影响自身,比如现金流权利、董事会权利、选举权、清算权利以及其他控制权利的分配。风险投资机构对所支持的企业起着监督和咨询的作用。

Campbell 和 Frye(2006)通过风险投资对上市公司的参与程度与

上市公司 IPO 后长期表现的关系的研究,指出风险投资对所投资企业的监督作用与持股比例成正比,即风险投资的持股比例越高,IPO 公司的长期业绩以及股票行情越好,并且,对于其他投资者而言,风险投资的参与减少了信息不对称性,可吸引更多的股东投资,VC 持股企业在 IPO 后的长期表现优于无 VC 持股企业。

Campbell 和 Frye(2009)研究发现,风险投资的监督功能与被投资企业长期的市场表现呈正相关关系(即风险投资机构参与企业的经营管理程度越高,企业的 IPO 长期市场表现就越好),这是因为风险投资机构为被投资企业提供增值服务,使得被投资企业在 IPO 后的长期绩效高于无风险投资支持的企业,并且增值服务的质量与 IPO 后的长期绩效也呈现正相关关系。

(三)逆向选择假说(adverse selection hypothesis)

该假说认为,由于风险投资机构与创业企业之间存在信息不对称,风险投资机构无法根据掌握的信息来准确评估被投资企业的真正内在价值,无法分辨出优质企业和劣质企业,因此,风险投资机构将倾向于采用市场平均水平来评估被投资企业。于是,实际价值高于平均水平的企业,将倾向于采用自我融资的方式而不愿意将股权转让给风险投资机构;而实际价值低于平均水平的企业,将倾向于选择风险投资以分散风险。这就引发了逆向选择问题,由此导致 VC 持股企业的质量反而低于无 VC 持股企业。而为了吸引投资者,具有风险投资背景的企业在 IPO 时会抑价发行,因此其 IPO 抑价度更高,且上市后长期表现更差。

Hamao 等(2000)选取了 1959—1995 年日本的上市公司作为样本,通过比较 210 家风险投资支持的公司和 246 家无风险投资支持的公司,经过实证分析得到,有风险投资背景的企业并没有比处于相同行业、拥有相同规模的无风险投资背景企业具有更好的长期市场表现(全样本的平均发行抑价率为 15.7%,其中有风险投资背景的样本为19.2%,没有风险投资背景的样本则为 12.7%,并且 IPO 抑价率的样本均值差异是显著的)。他们认为这是由一级市场上的投资者们要求以更高的抑价来弥补潜在的风险损失所造成的。

Wang(2003)从实证检验的角度研究新加坡资本市场的上市公司,将 82 家 VC 持股企业和 82 家无 VC 持股企业一一配对,并对比了两组样本的经营业绩,结果发现,风险资本的参与效果是很复杂的,在新加坡的市场经济环境下,VC 持股企业在 IPO 后的经营业绩更差;虽然VC 持股企业的 IPO 的抑价程度更低,但是其发行费用更高,收益却更低。

## (四)逐名效应假说(grandstanding effect hypothesis)

逐名效应是风险投资对 IPO 的负面效应,也称为躁动理论。Gompers(1996)指出,风险投资的最终目的是实现投资收益最大化,资金的回收速度和 IPO 的成功率对其企业发展和行业声誉相当重要,因此存在这样一种情况:相比于声誉高以及经验丰富、发展相对成熟的风险投资机构,"年轻"的风险投资机构为了尽快实现资金回收或者提高其行业声誉,会刻意隐瞒投资企业的现状,美化投资企业的经营情况,把尚未发展成熟的质量较差的公司包装上市,由此导致被投资企业IPO 后业绩下滑或市场表现不佳等现象。他发现相较于经验丰富的风险投资方(成立 6 年以上),"年轻"的风险投资方(成立 6 年以下)参与公司上市后的管理时间更短,并且,在所投资的公司 IPO 时持有更少的股权,平均比成熟的风险投资机构所支持的企业要早两年上市,并且存在更高的抑价程度。此时,风险投资机构没有起到监督作用,反而刺激被投资企业实施盈余管理行为。此类"年轻"的风险投资机构不但没有为被投资企业提供增值服务,反而大大增加了企业的融资成本,风险投资的参与对被投资企业产生了负面影响,反而使得被投资企业在IPO后经营业绩下滑、市场业绩表现拙劣。逐名效应可能会强化逆向选择效应,因为缺乏经验的风险投资家只能提供有限的而非全面的增值服务,可能进一步导致被投资企业IPO后的市场表现不佳。

Lee和Wahal(2004)选取了1980—2000年的美国上市公司作为研究对象,采用样本配对检验的方法,通过对比VC持股企业和无VC持股企业的IPO后经营绩效,得出结论:经验缺乏的风险投资机构为了建立良好声誉以及为下一期基金筹集资金,将劣质的企业过早推向IPO市场,以至于风险投资支持的企业的IPO抑价率较高。

张丰(2009)认为我国中小板市场的逐名效应成立,他运用均值比较和多元回归分析研究风险投资参与对我国中小企业板IPO的影响,研究发现VC持股企业的IPO抑价程度显著高于无VC持股企业,风险投资没有起到"认证作用",风险投资机构为了尽快建立良好声誉,倾向于把尚未成熟的企业过早上市,导致被投资企业IPO后市场表现不佳。

寇祥河等(2009)对我国深圳中小板市场进行了实证检验,结果表明,风险投资的认证效应及监督效应在我国中小板市场上没有表现出来,其原因在于,我国的风险投资成立的时间较短,风险投资机构缺乏相关经验,还不能为被投资企业提供足够的增值服务,而大多数风险投资机构是为了追求逐名效应以获得更多的声誉和融资。

Alberto等(2013)研究了英国替代投资市场,选取2004—2010年上市的507家企业,实证结果表明有风险投资背景企业的平均IPO折价率为 25.8％,近乎两倍于没有风险投资背景的折价率,结果支持了逐名假说。

　　然而,由于各个国家在不同时间段的资本市场的情况大相径庭,因此,风险投资对 IPO 效应的作用往往不只是存在一种效应。

# 第四节　风投机构对公司盈余管理的影响研究综述

## 一、盈余管理的动机

　　从 20 世纪 90 年代开始,国内外学者对盈余管理动机的研究视角较为丰富。Watts 和 Zimmerman(1978)指出盈余管理的三个主要动机是政治成本、债务契约、红利计划,而有些学者将盈余管理动机细分为政治成本动机、契约动机和资本市场动机(Healy and Wahlen,1999)。由于我国的资本市场在制度、成熟度、规模上均有别于西方国家,国内学者对盈余管理动机的归类方式虽然与国外的研究类似,但是在某个动机的细分及研究重点上有别于国外的研究。以下重点对资本市场动机、政治成本动机、契约动机的相关研究文献进行回顾。

　　(一)资本市场动机

　　资本市场动机主要表现在公司在取得上市资格或者达到预定目标以及迎合财务分析师的预测这一系列的资本市场活动中,利用盈余管理活动来影响公司的股票价格。其具体动机主要包括 IPO 或 SEO 动机、规避亏损的动机以及为迎合财务分析师之预期分析的动机。

1.IPO 或 SEO 动机

Friedlan(1994)通过实证研究指出,相比于上市前的其他会计年度,IPO 公司倾向于在上市前一年利用操纵性应计项目来增加财务报告盈余。其他国外学者的研究也大多表明,企业在 IPO 当期的盈余管理程度高于其他阶段(Teoh et al.,1994;Rangan,1998;Teoh et al.,1998)。

国内学者的实证结果也证实公司在 IPO 前后阶段的盈余管理程度均存在明显差异,在 IPO 前 1～2 年及当期盈余管理程度最高,之后会出现下滑现象(林舒、魏明海,2000)。徐宗宇(2000)研究结果表明上市公司在一级市场招股时,公司的管理层可能对盈余预测存在操纵行为。王志强和刘星(2003)选取 1999 年上市的公司作为样本,实证研究结果发现,公司管理层在 IPO 当期为了获得更高的发售价格而存在操纵盈余管理的动机,但之后由于投资者逐渐意识到公司的真实价值,股票价格会逐渐回归。

国内证券市场对上市公司配股有明确的财务指标要求,因此,有些上市公司为了配股,会有进行盈余管理的动机。

Haw 和 Qi(1998)选取了 1994—1997 年所有在沪深交易所上市的 A 股上市公司作为样本,对 IPO 公司的盈余管理行为与配股政策及摘牌制度中规定的 ROE 参数的一致性进行了实证分析,发现中国 IPO 公司的管理人员为了获得配股资格或避免停牌(或摘牌)风险,会利用交易项目和管理应计利润进行盈余管理活动。

陈小悦和肖星(2000)检验了上市公司的盈余管理方式,利用频率分布检测法对净资产收益率(ROE)分区间进行研究,发现了 ROE 分布符合配股要求[即分布在区间(10％,12％)]的上市公司,明显存在利润操纵行为,具有配股权的临界公司的应计利润总额显著高于非临界公司,这表明为了满足有关配股条件,上市公司具有强烈的动机,利用信息的不对称性和契约的不完备性来操纵报告盈余。

Chen 和 Yuan(2004)考察了证监会在配股审核过程中的行为,发现在 1998 年后,管制者在批准上市公司的配股申请时通常会考虑公司的盈余管理行为,通过盈余管理实现配股的上市公司的业绩显著地低于其他公司在配股后的业绩表现。这说明,监管者拒绝具有明显盈余管理行为的公司的配股要求,有助于进一步优化资本市场的资源配置。

其他学者在后续的研究中也都发现,在中国资本市场上,上市公司存在为实现配股而操纵公司业绩的现象,配股政策的调整也使公司的盈余管理发生了变化(蒋义宏,1998;李志文、宋衍蘅,2002;杜滨、李若山,2002;杨旭东、莫小鹏,2006;肖虹,2008)。戴捷敏和孔玉生(2008)利用财务指标分析和对比分析的方法研究发现,处于配股区间的上市公司存在着盈余管理行为,但这些公司的数量和盈余管理程度都呈现出逐年降低的趋势。

2.规避亏损的动机

学者研究认为,有些公司盈余管理的动机在于规避亏损或被监管部门摘牌等类似的处罚。

Dye(1988)将盈余管理问题模型化,并将股票持有者分为潜在持有者和当前持有者,研究指出代表当前股票持有者利益的企业管理人员有进行盈余管理的动机,他们将使当前持有者的股票的交易价格最大化。其他学者的研究表明,企业管理人员具有为了规避亏损和收益下降而进行盈余管理的动机(Hayn,1995;Burgstahler and Dichev, 1997;Degeorge et al.,1999)。Chambers(1999)研究发现,如果公司进行盈余管理操纵,则其股价会被错误地估计,并对资本市场的资源配置起到误导作用。

国内有些上市公司通常会采用重组收益、补贴收入、存货提价等方式进行盈余管理，甚至有些公司会选择在第四季度进行盈余管理（张田余，1998；孙铮、王跃堂，1999；于海燕、李增泉，2001；张昕，2008）。

陆建桥（1999）通过实证研究得出结论：样本公司采取显著调高利润的操控性应计会计处理手段，一般会发生在首次出现亏损的前一年度以及公司扭亏为盈的年度；尤其是在公司首次出现亏损后，为了避免因为连续三年亏损而受到证监会的处罚，公司会采取非正常调减盈余的应计会计处理。研究同时还发现，出现亏损的上市公司主要通过操控短期的、与营业有关的应计利润项目来进行盈余管理。因为在现有会计准则和权责发生制会计下，操控应计利润项目是准则所允许的，它不容易被识别。

陈武朝和王可昕（2011）的研究结果表明，上市公司虽然在各个季度都存在盈余管理行为，但第四季度利润中会发现更多的盈余管理行为。特别指出，巨额冲销的公司在第四季度进行盈余管理调低利润，前三季度表现欠佳而年末好转的公司在第四季度通过盈余管理调高利润。

3.迎合财务分析师之预期分析的动机

在国外成熟的资本市场，证券分析的业绩预测与股票价格走势息息相关。如果公司业绩低于分析预测，有可能导致股价大幅下跌，影响到管理层自身利益。于是，公司有动机进行盈余管理以迎合预测目标值。

Skinner 和 Sloan（2002）研究发现，假如公司业绩没有达到财务分析师的预期目标值，即使二者只是存在较小的差距，公司股价也会出现很大的跌幅。Burgstahler 和 Eames（2006）研究发现，公司管理层为了迎合财务分析师对企业收益的预测，将可能利用盈余管理手段来调增企业盈利。Myers 等（2007）利用时间序列方法对盈余门槛的重要性进行研究，结果表明，企业管理人员通过平滑报告盈余以达到持续增长的目的，以此满足预期的要求。

（二）政治成本动机

所谓政治成本，是指当企业财务数据高于或低于某个临界值时，会引致严厉的政府监管，从而增加企业的运营成本，给企业带来不利的影响。因此为了避免企业利润在政府管制下发生转移，公司会采用调减利润的一系列措施来隐藏企业的实际业绩（Grace and Leverty，2010）。

Jones（1991）研究发现，企业为获取进口补贴，在美国国际贸易委员进行调查期间，会调低应计项目金额即调减利润。有些企业面对各项法规监管，如行业反垄断、行业监管、税收监管等影响公司经营的法规，会实施盈余管理（Cahan and Chavis，1997；Hall，1993；Han and wang，1998）。

Makar 和 Alam（1998）还研究不同经济周期下的公司盈余管理行为，结果发现，在经济扩张期，公司为了避免过多的公众关注而向下进行盈余管理。有些国外学者甚至研究了商业银行的盈余管理，发现商业银行在临近法规要求的最低资本要求时，会高报贷款损失准备，低报贷款注销额（Moyer，1990；Scholes et al.，1990；Beatty et al.，1995；Collins et al.，1995）。许多学者发现，税收筹划是影响盈余管理政治成本动机的重要因素，很多公司会因为税法改革、税收筹划等而进行公司盈余管理（Guenther，1994；Porcano and Tran，1998）。

国内学者对公司盈余管理的政治成本动机也进行类似研究。如叶康涛（2007）研究发现，我国上市公司存在着为了规避企业所得税而实施盈余管理的行为。张晓东（2008）研究发现，为了规避政治成本，在油价上涨阶段,中国石化行业公司会进行盈余管理以降低利润。其他学者研究发现,税率高低不仅影响公司的盈余管理程度,而且还影响公司盈余管理行为的选择(李增福、郑友环,2010)。

(三)契约动机

企业管理层主要通过影响以会计数据为基础的管理层薪酬契约和债务契约等结果而进行盈余管理活动。Healy(1985)研究了盈余管理的契约因素,发现会计盈余数据主要体现在管理者薪酬契约和债务契约两个方面。

1.薪酬契约动机

Healy(1985)研究了以净利润为基础的企业管理人员分红计划和盈余管理,发现当公司的净利润低于盈余管理下限或者高于盈余管理上限时,其管理人员倾向于采用降低利润的应计项目,而当净利润介于两者之间时,管理人员倾向于采用使利润增加的应计项目。

许多学者研究发现,公司管理层在特殊任期内,包括考察期、任期最后几年,会运用减少研发费用等盈余管理手段来提高企业利润(DeAngelo,1988;Dechow and Sloan,1991)。Holthausen 和 Larcker 等(1995)发现,若公司对经理人的奖金设置一定的上限,当公司业绩达到上限时,财务报告时会采用递延收益的会计政策。

Guidry 和 Leone 等(1999)研究发现,大型跨国企业分公司的管理人员在尚未达到其奖励计划规定的收益目标或者薪酬契约计划规定的最高奖金限额时,倾向于递延收益到下个会计区间。

李延喜和包世泽(2008)研究了 2002—2004 年所有深沪交易所的上市公司,研究结果表明管理层薪酬与调高的操控性应计利润呈显著正相关,而对于调低的操控性应计利润,薪酬激励的作用却不明显。

王倩(2009)从管理层激励视角出发,以 2008 年 A 股上市公司为样本,研究高管薪酬契约动机对我国上市公司的盈余管理行为的影响,结果表明:高管的确存在着出于自身薪酬契约动机而进行盈余管理的行为,且其报酬额越高,为获得这部分超额报酬的盈余管理动机将越强烈,管理层的盈余管理程度也越高。

罗玫和陈运森(2010)收集了在上市公司年报中会进行披露的高级管理人员的绩效考核标准以及相关的薪酬激励信息,研究以会计盈余挂钩的高管薪酬激励制度是否会导致公司高管操纵会计利润。结果表明,建立以会计盈余为绩效评价指标的高管薪酬激励没有使公司高管明显地操纵盈余,而且这类公司对管理层有更为完善的监管和制约机制,这说明完善的监管和制约机制能约束管理层的盈余管理行为,但也挑战了国内现行的薪酬机制对管理层的实际激励作用。

2.债务契约动机

债权人为了控制债务风险,往往在债务契约中对公司经营活动、经营指标做了相关的约定。为了不支付高昂的违约成本,公司经理人有可能通过改变会计政策选择增加当期盈余等方式以满足债务契约要求。国外的债务融资较为多样化、市场较为成熟,而我国企业债务融资主要以银行借贷为主要来源,其债权债务关系较为简单,所以国内对盈余管理的契约动机侧重从管理者薪酬契约方面来开展研究。

DeFond 和 Jiambalvo(1994)研究结果说明,临近债务契约条件边界的企业会通过各类盈余管理手段来改变指标,以避免违约。Sweeney(1994)详细分析了 22 个违反债务契约的公司案例,研究基于债务契约动机的盈余管理行为,发现已违约的公司采用可以使盈利增加的会计变更,面临违约风险的公司为了减少未来违约的可能性而进行会计变更的概率更大。Beneish(2001)发现有非正常卖出行为的企业管理者所经营的公司,在违反契约前提交的非预期应计利润显著地高于所选取的控制样本的公司。然而,有些学者的研究结论表明,临近鼓励限制契约的企业会通过变更会计估计或应计项目进行盈余管理活动(Healy and Palepu,1990;DeAngelo et al.,1994)。

综上所述,公司进行盈余管理的动机是多样的,对于处于不同发展阶段的企业甚至是 IPO 前后不同阶段,公司盈余管理的动机也是不同的。无论是出于何种动机,其给企业所有者、投资者等其他利益相关者都会带来影响。研究这些动机有助于了解风投机构对公司盈余管理的影响。

## 二、风投机构对公司盈余管理的影响

关于风投机构对公司盈余管理的影响,国外学者的研究结果大致可归纳为风险投资机构会抑制公司的盈余管理以及无法抑制公司的盈余管理。

Jain 和 Kini(1995)较早地研究了风险投资对上市公司盈余管理行为的影响。他们选取 1976—1988 年在北美地区证券市场上市的 136 家具有风险投资背景的上市公司和 136 家没有风险投资支持的上市公司作为样本,将公司依照所属行业以及上市时间进行划分,利用样本配对法对这两类公司使用横截面回归模型进行实证分析。研究结果表明,由于风险投资对公司的经营管理起到积极的作用,具有风投背景的上市公司不仅在 IPO 时和 IPO 后具有更好的业绩表现,而且风险投资还能对上市公司粉饰利润的行为起到监督作用,减少公司财务粉饰行为,进而降低盈余管理水平。

Morsfield 和 Tan(2006)研究发现,具有风险投资背景的 IPO 公司的可操控利润(盈余管理)显著地少于没有风险投资支持的 IPO 公司，具有风险投资背景的 IPO 公司在 IPO 当年的盈余管理程度更低，并且在上市后业绩表现优良，说明风险投资对 IPO 公司发挥了监督作用。

Morsfield 和 Tan(2006)选取了美国 1983—2001 年的 2630 家 IPO 公司作为样本，通过实证分析发现，具有风险投资背景的 IPO 公司在 IPO 当年的盈余管理程度比没有风险投资支持的 IPO 公司更低，这说明风险投资对被投资企业的利润操纵起到了监督作用，尤其是在公司准备上市的过程中，风投对企业投资，参与管理决策，可以有效地抑制公司的盈余管理行为。该文的研究结论不支持之前业界的争议，即风险投资在 IT 业界公开上市中夸大了盈余管理程度而造成价格泡沫。

Luo(2006)以美国 1996—2000 年的 679 家具有风险投资背景的 IPO 公司为样本，研究发现风险投资机构的声誉与被投资企业的盈余管理也有关联，并且，在 IPO 当年的上市公司的可操控应计利润与锁定期以及锁定期之后的两年内由同一家风险投资机构支持上市的企业数目负相关，风险投资机构的声誉越高，支持的 IPO 企业越多，该可操控应计利润(盈余管理程度)越低。

Wongsunwai(2007)从新角度出发，构建了一个风险投资的声誉、投资收益率与 IPO 各阶段的上市公司的盈余管理行为的模型，研究发现投资收益率、声誉及盈余管理之间存在负相关的关系，即风险投资的声誉及其投资收益率越高，被投资企业的 IPO 各阶段的盈余管理行为就越少。

Gioielli 和 De Carvalho(2008)选取了 2004 年 1 月至 2007 年 7 月在巴西圣保罗交易所上市的 88 家公司作为样本，将 IPO 过程划分为四个阶段进行研究，他们指出，具有风险投资支持的上市公司在 IPO 时期出现盈余管理的行为明显减少，通过将有无风险投资支持对上市公司进行分组对比后发现,没有证据表明有风险投资支持的上市公司在 IPO 的任何阶段存在盈余管理的行为,而无风险投资支持的上市公司出现了盈余管理。

Hochberg(2012)从公司治理的角度进行研究,发现具有风险投资背景的上市公司相比同样类型的无风险投资支持的上市公司,其盈余管理程度更低、董事会更加独立、管理更加完善。

不少国外的学者提出了相反的研究结论,认为风险投资并不会抑制 IPO 过程中的盈余管理行为。

Mills(2001)研究发现,风险投资机构为了提高被投资企业的 IPO 公司股票价格,反而会利用其对被投资企业的影响来促进企业的盈余管理程度,部分解释了网络行业 IPO 公司的泡沫现象。

Lee 和 Masulis(2011)选取 1993—2004 年在美国上市的 1346 家公司作为研究对象,探讨了已上市公司的盈余管理问题,发现颇负盛名的投资银行承销的 IPO 公司的盈余管理程度显著较低,披露的信息与 IPO 公司的财务报告的内在质量保持一致,但是,即使是享有高声誉的风险投资机构也没有显著地抑制所投资企业的盈余管理行为。

Wongsunwai(2013)针对风险投资机构的声誉对 IPO 公司发行股票定价的影响进行研究,其中也包括对公司利润的应计项目操控和真实活动交易操控的分析,研究发现,具有高声誉风投背景的公司在 IPO 后,其应计盈余管理和真实盈余管理程度都较低,此时,两者并没有替代关系。该文指出,高声誉的风投机构能更好地抑制经理人的道德风险行为。

很多国内的学者也在风险投资影响公司 IPO 各阶段的盈余管理方面做了研究,但是实证结果却不一致。

陈祥有(2010)实证研究了 2004—2007 年在深交所中小企业板上

市的 199 家 IPO 公司,对于风险投资与公司盈余管理之间的关系进行了研究,利用修正的琼斯模型和多元回归模型,得出结论:具有风险投资背景的 IPO 公司上市前一年的盈余管理程度低于没有风险投资背景的公司。

而黄福广等(2010)也对深交所中小企业板市场上的上市公司进行研究,结果发现,风险资本在首次公开募股过程中并不能显著地抑制我国中小板上市公司的盈余管理行为,原因可能在于我国风险投资市场还处于发展过程中,尚未成熟。

索玲玲和杨克智(2011)以 2010 年 11 月 12 日之前创业板上市的公司为研究对象,采用非参数检验和多元回归进行分析,发现创业板上市公司 IPO 时存在盈余管理现象,但是风险投资的持股并不能显著地影响盈余管理的水平。

刘景章和项江红(2012)以 2009—2011 年在深交所上市的 276 家及 2002—2011 年在港交所创业板上市的 108 家 IPO 公司为样本,研究发现,在两个不同的创业板市场上,都显著存在正向盈余管理行为,但风险投资并没有显著抑制上市公司的盈余管理行为,说明风险投资的监督作用在中国市场上并不能有效发挥。

总而言之,国外的风险投资机构、市场竞争以及法律环境已经发展十分成熟,而中国的风险投资事业起步较晚,市场还不够健全,退出机制也尚未完善,风投机构还未形成成熟的投资理念,因此,风险投资对于企业的认证监督作用并未得到有效发挥,还不能有效地抑制经理人的机会主义行为,不能减少公司的盈余管理行为。

# 第三章　风投支持公司的盈余管理行为博弈模型

本章将构建风投支持公司的盈余管理行为三方博弈模型,模型中包括公司经理、风投机构和其他股东三个博弈方。根据博弈的均衡,首先分析在风投机构存在的情况下,公司经理在应计盈余管理和真实盈余管理两种盈余管理行为的权衡策略;然后,分析风投影响公司盈余管理行为的权衡策略,即风投机构是倾向于影响公司的应计盈余管理还是真实盈余管理。最后,总结博弈模型的推导结论,为后文的实证研究提供理论基础。

## 第一节　模型的构建与求解

正如前文所述,公司经理进行盈余管理存在两种行为方式的选择,即应计盈余管理和真实盈余管理。应计盈余管理是通过选择特定的会计确认、核算、记录方法或者对某项交易事项作出有偏估计来达到操控盈余的目的。应计盈余管理只在账面上调整,不操纵实际的经营活动,因而不会改变企业的现金流。真实盈余管理则不调整账面应计项目,而是对实际的经营活动进行操控,如通过操纵销售折扣或信用政策提高销售收入、扩大产量降低单位成本,调整斟酌性费用等,因而会改变企业的现金流。

虽然都能达到操控盈余的目的,但这两种盈余管理行为方式对企业的影响是不同的,面临的来自股东或者外部机构等方面的监督也不同。因此,出于私利考虑而意图进行盈余管理的公司经理,必然会面临如何权衡这两种行为方式。同样,对于风投机构而言,如果意图抑制或者刺激公司的盈余管理,那么它也将面临选择在应计盈余管理还是在真实盈余管理施加影响的权衡。

风投支持公司的经理人进行盈余管理,除了会面临其他股东和外部监管机构的监督,还会面临风险投资机构这一更具专业知识的机构投资者的监督。当然,风投机构一般不参与公司的经营管理,因此无法直接进行公司的盈余管理,而必须通过公司经理来实现。风投机构的监督力度或策略影响着风投支持公司的盈余管理。

对于公司经理在应计盈余管理和真实盈余管理的权衡选择,已有一定的研究基础,如 Zang(2007)等。但在这些研究的盈余管理行为博弈模型中,均没有考虑到风投机构的存在,因此,本书将盈余管理行为博弈模型进行扩展,针对风投支持公司,构建包括公司经理、风投机构和其他股东的三方博弈模型,分析公司经理和风投机构的盈余管理行为权衡策略。

## 一、模型构建

假设公司在既有的生产条件下可以创造的盈利水平为 $y$,这是所有参与者的共同信息,但 $y$ 是一个随机变量。假设当期实现的盈利水

平为 $\bar{y}$,这个盈利水平是公司经理的私人信息(Dye,1988;Desai and Dharmapala,2006),因为经理是公司的经营者,而股东并不参与经营。经理选择一个盈利水平报告给股东,记为 $\bar{y}-K$,其中,$K=A+R$,$A$ 和 $R$ 分别表示经理所进行的应计盈余管理和真实盈余管理的程度。股东虽然知道报告的盈利水平 $\bar{y}-K$,但无法推断真实实现的盈利 $\bar{y}$ 和盈余管理 $K$,因为这两者都是经理的私人信息。

假设经理人操控的盈余管理用于个人消费,并获得效用 $U(K)$,$U(K)$ 满足凹函数的单调递增和边际递减(Dye,1988;Desai and Dharmapala,2006;Zang,2007):

$$U'(K)>0,U''(K)<0 \tag{3-1}$$

参考 Zang(2007)的做法,出于简化的目的和不失一般性,选择如下的二次函数:

$$U(K)=wK-\frac{kK^2}{2} \tag{3-2}$$

其中,$w>0$,$k>0$ 为系数。

经理人从事盈余操控需要付出成本,这个成本包括事前(ex ante)和事后成本(ex post)。事前成本包括时间、精力和资源的投入等,事后成本包括盈余操作被核查发现后的惩罚,如诉讼等。假设成本 $C(K)$ 满足凹函数的单调递增和边际递减(Dye,1988;Desai and Dharmapala,2006;Zang,2007):

$$C'(K)>0,C''(K)<0 \tag{3-3}$$

再次参考 Zang(2007)的做法,出于简化的目的和不失一般性,选择如下的二次函数:

$$C(K)=\frac{(\alpha_1+\alpha_2)A^2}{2}+\frac{(\beta_1+\beta_2)R^2}{2} \tag{3-4}$$

其中，$\alpha_1>0$、$\alpha_2>0$ 为经理的应计盈余管理操控行为的成本系数，$\beta_1>0$、$\beta_2>0$ 为经理的真实盈余管理操控行为的成本系数。$\alpha_1$、$\beta_1$ 表示因为风投机构对经理的监督而产生的成本系数，$\alpha_2$、$\beta_2$ 表示因为除了风投以外的股东的监督而产生的成本系数。成本系数 $\alpha_1$、$\alpha_2$、$\beta_1$、$\beta_2$ 是模型分析的重点，因为它决定着经理在真实盈余管理和应计盈余管理之间的权衡。对成本系数分别做如下的讨论和假设：

假设 $\alpha_1$、$\beta_1$ 为内生变量。风投机构影响经理的成本系数进而影响经理的应计盈余管理和真实盈余管理。例如，风投机构加强或者减弱监督水平，经理从事盈余操控的成本提高或者下降，从而达到抑制或者促进的效果。

假设 $\alpha_2$ 为外生变量，而 $\beta_2$ 为内生变量。这个假设与李增福等(2011)的研究假设一致。正如 Gunny(2005)所讨论的，应计项目的盈余管理和操控更容易被核查，事后受到监管调查和诉讼的风险更高。但真实经营活动的操控却与正常的经营活动难以区分，经理也更容易找到掩饰的理由。并且，由于一般股东对会计核查的专业能力和专业知识比风投机构低，因此相对于风投机构对经理应计盈余管理实施监督，他们则选择不监督，认为经理忌惮于外部审计以及风投机构的监督而自我约束。因此，$\alpha_2$ 假设为外生，也即，除了风投机构以外的其他股东不对经理的应计盈余管理进行监督，而是由外部审计和风投机构来实施。但由于真实盈余管理更难识别，风投机构和其他股东都会对经理的真实盈余管理实施监督。因此，$\beta_2$ 假设为内生。

假设经理也关心企业的价值(Desai and Dharmapala,2006)，经理在公司价值上赋予一个权重 $\theta_M(0<\theta_M<1)$，这个 $\theta_M$ 描述了经理和公

司业绩表现的绑定程度,通过薪酬合同实现。假设 $\theta_M$ 为经理在公司的持股比例,这是最直观的假设,在合同既定的条件下,$\theta_M$ 为外生。

作为理性人,公司经理最大化其预期效用 $E(U_M)$。根据上面的假设,预期效用 $E(U_M)$ 为

$$E(U_M) = \left[ w(A+R) - \frac{k\ (A+R)^2}{2} \right] + \theta_M \left[ E(y) - (A+R) \right] - \left[ \frac{(\alpha_1 + \alpha_2)A^2}{2} + \frac{(\beta_1 + \beta_2)R^2}{2} \right] \tag{3-5}$$

风投机构的持股比例假设为 $\theta_V$,其他股东的持股比例则为 $1 - \theta_M - \theta_v$。风投机构和其他股东的决策是最大化其持有的股权的预期价值,根据上面的假设,预期价值为:

$$E(V_v) = \theta_v \left[ E(y) - (A+R) \right] - f(\alpha_1, \beta_1) \tag{3-6}$$

$$E(V_s) = (1 - \theta_M - \theta_v) \left[ E(y) - (A+R) \right] - g(\beta_2) \tag{3-7}$$

其中,$f(\alpha_1, \beta_1)$ 和 $g(\beta_2)$ 分别表示风投机构和其他股东对经理盈余管理进行监督的成本。这里不假设具体的函数形式,以便得到更一般性的结论。但两个监督成本必须满足单调递增和边际递减的性质,

$$\frac{\partial f}{\partial \alpha_1} > 0, \frac{\partial f}{\partial \beta_1} > 0, \frac{\partial^2 f}{\partial \alpha_1^2} < 0, \frac{\partial^2 f}{\partial \beta_1^2} < 0 \tag{3-8}$$

$$\frac{\partial g}{\partial \beta_2} > 0, \frac{\partial^2 g}{\partial \beta_2^2} < 0 \tag{3-9}$$

对于经理、风投机构和其他股东的行动顺序,进一步做如下假设:

(1)公司雇佣经理,综合各种薪酬条款赋予经理股权 $\theta_M$;

(2)风投机构和其他股东选择对经理盈余管理的监督水平 $\alpha_1$、$\beta_1$、$\beta_2$;

(3)经理选择应计盈余管理和真实盈余管理的程度,分别为 $A$ 和

R,成本分别为$\frac{(\alpha_1+\alpha_2)A^2}{2}$和$\frac{(\beta_1+\beta_2)R^2}{2}$;

(4)自然随机选择公司产出$y$的实现值$\bar{y}$;

(5)经理报告盈利为$\bar{y}-(A+R)$;

(6)公司在经理、风投机构和其他股东之间按$\theta_M$、$\theta_V$、$(1-\theta_M-\theta_V)$分配税后盈余,博弈结束。

上述行动的顺序,参考了 Zang(2007)、李增福等(2011)的讨论。Zang(2007)讨论了经理同时进行应计和真实盈余管理的情景,在经理没有观察到盈余监督冲击的情况下,经理同时决定两者的最优水平。Hunt 等(1996)在分析盈余管理手段和工具的研究中也隐含了该假设。当然,如果是在两期以上的多期模型中,并且经理分阶段进行决策的话,除了第一期以外,经理人可能先决策真实盈余管理,再决策应计盈余管理,因为真实的经营活动发生在前并且持续了整个会计年度,而应计项目的调整和操控则发生在会计年度末或者之后(Zang,2007)。先决策真实盈余管理程度再决策应计盈余管理程度的情况,容易存在的一个问题是,如果真实盈余操控失败的话,将被迫实施更大程度的应计盈余管理,导致被稽核发现的可能性增大。因此,本书分析经理同时决策两种盈余管理程度的情景。

## 二、模型求解

采用逆向归纳法求解上述博弈模型的均衡解。求解的步骤如下:

第一步,在期末,经理披露的盈余水平为$\bar{y}-(A+R)$,正如前文所述,真实实现的盈利$\bar{y}$和盈余管理$(A+R)$是经理的私人信息,股东并不能推断其中的任何一个,这使得经理操控的盈余不会被发现。

第二步,经理决策真实盈余管理的程度。由于真实的盈利 $\bar{y}$ 尚未实现,经理根据预期的盈利水平 $E(y)$ 进行决策。预期效用最大化的一阶条件为:

$$\frac{\partial E(U_M)}{\partial R} = w - k(A+R) - \theta_M - (\beta_1 + \beta_2)R$$
$$= 0 \tag{3-10}$$

简单求解,得到

$$R^* = \frac{w - \theta_M - kA}{k + \beta_1 + \beta_2} \tag{3-11}$$

第三步,经理决策应计盈余管理的程度。将上述公式(3-11)的 $R^*$ 代入公式(3-5),预期效用最大化的一阶条件为:

$$\frac{\partial E[U_M(A, R^*)]}{\partial A} = w + w\frac{\partial R^*}{\partial A} - k(A+R^*)(1+\frac{\partial R^*}{\partial A}) -$$
$$\theta_M(-1-\frac{\partial R^*}{\partial A}) - (\alpha_1 + \alpha_2)A - (\beta_1+\beta_2)R^*\frac{\partial R^*}{\partial A}$$
$$= 0 \tag{3-12}$$

简单求解,得到

$$A^* = \frac{(w+\theta_M)(1-k)}{k(\beta_1+\beta_2+\alpha_1+\alpha_2)} \tag{3-13}$$

最后,风投机构决策和其他股东决策选择对经理的监督水平 $\alpha_1$、$\beta_1$、$\beta_2$。将 $A^*$、$R^*$ 代入风投机构和其他股东的预期股权价值公式(3-6)和(3-7)。风投机构最大化其预期股权价值,一阶条件为:

$$\frac{\partial E(V_V)}{\partial \alpha_1} = \theta_V(-\frac{\partial A^*}{\partial \alpha_1} - \frac{\partial R^*}{\partial \alpha_1}) - \frac{\partial f(\alpha_1, \beta_1)}{\partial \alpha_1} = 0 \tag{3-14}$$

$$\frac{\partial E(V_V)}{\partial \beta_1} = \theta_V(-\frac{\partial A^*}{\partial \beta_1} - \frac{\partial R^*}{\partial \beta_1}) - \frac{\partial f(\alpha_1, \beta_1)}{\partial \beta_1} = 0 \tag{3-15}$$

其他股东最大化其预期股权价值,一阶条件为:

$$\frac{\partial E(V_S)}{\partial \beta_2} = (1-\theta_M-\theta_V)(-\frac{\partial A^*}{\partial \beta_2}-\frac{\partial R^*}{\partial \beta_2})-\frac{dg(\beta_2)}{d\beta_2}=0 \qquad (3-16)$$

简单计算,得到

$$\frac{\partial f(\alpha_1,\beta_1)}{\partial \alpha_1}=\theta_V(-\frac{\partial A^*}{\partial \alpha_1}-\frac{\partial R^*}{\partial \alpha_1}) \qquad (3-17)$$

$$\frac{\partial f(\alpha_1,\beta_1)}{\partial \beta_1}=\theta_V(-\frac{\partial A^*}{\partial \beta_1}-\frac{\partial R^*}{\partial \beta_1}) \qquad (3-18)$$

公式(3-17)和(3-18)决定了风投机构进行监督的边际成本。其他股东进行监督的边际成本,按如下条件确定,

$$\frac{dg(\beta_2)}{d\beta_2}=(1-\theta_M-\theta_V)(-\frac{\partial A^*}{\partial \beta_2}-\frac{\partial R^*}{\partial \beta_2})=0 \qquad (3-19)$$

公司赋予经理的股权 $\theta_M$ 假设为外生。模型求解完毕。

# 第二节　风投支持公司盈余管理行为的策略

从上述模型的均衡解,可以进一步分析公司经理在应计和真实盈余管理行为上的权衡策略。公司经理出于私利而进行盈余管理,但面临着各方的监督,在风投存在的情况下,更是面临着一个更具专业知识和能力的机构投资者的监督。当风投机构加强监督时,公司经理收敛其盈余操纵;当风险投资机构减弱监督时,公司经理则可能进行更大程度的盈余操控。

在公司上市的各个阶段中,外部监管机构的监督水平是相对稳定

和一致的。但是风投机构则不同,风投机构进入公司的主要目的是获得投资收益。因此,在公司上市的各个阶段,风投机构对公司财务操控的监督水平可能存在波动。在IPO当期和IPO筹备期,为了顺利实现公司上市的目的,风投机构可能会减弱监督。在上市后的锁定期,出于对声誉的维护,会加强之前减弱的监督。在解锁退出前,为了实现高退出收益,可能再次减弱监督。

对于这种动态变化的监督,公司经理需要考虑的问题是,选择哪种盈余管理行为可以更加适应这种变化。显然,若公司经理对风投真实盈余管理监督的变化更敏感,则倾向于选择真实盈余管理;反之,如果公司经理对风投应计盈余管理监督的变化更为敏感,则倾向于应计盈余管理。

对上一节的模型求解,可以得到公司经理的最优应计盈余管理和真实盈余管理对风投监督的敏感程度。记 $K^* = A^* + R^*$,表示最优的盈余管理,那么,$\dfrac{\partial K^*}{\partial \alpha_1}$ 表示公司经理最优盈余管理 ($K^*$) 对风投应计盈余管理监督 ($\alpha_1$) 的敏感度,$\dfrac{\partial K^*}{\partial \beta_1}$ 表示公司经理最优盈余管理 ($K^*$) 对风投真实盈余管理监督 ($\beta_1$) 的敏感度。对比 $\dfrac{\partial K^*}{\partial \alpha_1}$ 和 $\dfrac{\partial K^*}{\partial \beta_1}$,可以分析公司经理对风投不同监督的反应的敏感程度。接下来,将证明如下推论:

推论1:公司经理的最优盈余管理 ($K^*$) 对风投应计盈余管理监督 ($\alpha_1$) 的敏感度 $\dfrac{\partial K^*}{\partial \alpha_1}$,小于公司经理对风投真实盈余管理监督 ($\beta_1$) 的敏感度 $\dfrac{\partial K^*}{\partial \beta_1}$,即 $\dfrac{\partial K^*}{\partial \alpha_1} < \dfrac{\partial K^*}{\partial \beta_1}$。

容易验证,

$$\frac{\partial K^*}{\partial \alpha_1} = \frac{\partial A^*}{\partial \alpha_1} + \frac{\partial R^*}{\partial \alpha_1}$$

$$\frac{\partial K^*}{\partial \beta_1} = \frac{\partial A^*}{\partial \beta_1} + \frac{\partial R^*}{\partial \beta_1} \tag{3-20}$$

容易验证,$\frac{\partial A^*}{\partial \alpha_1} = \frac{\partial A^*}{\partial \beta_1}$。因此,$\frac{\partial K^*}{\partial \alpha_1}$ 和 $\frac{\partial K^*}{\partial \beta_1}$ 的对比,则等价于 $\frac{\partial R^*}{\partial \alpha_1}$ 和 $\frac{\partial R^*}{\partial \beta_1}$ 之间的比较。$\frac{\partial R^*}{\partial \alpha_1}$ 和 $\frac{\partial R^*}{\partial \beta_1}$ 之间的关系则相对复杂。

分别计算,可以得到:

$$\frac{\partial R^*}{\partial \alpha_1} = \frac{-k}{k + \beta_1 + \beta_2} \cdot \frac{\partial A^*}{\partial \alpha_1} \tag{3-21}$$

$$\frac{\partial R^*}{\partial \beta_1} = \frac{-k \dfrac{\partial A^*}{\partial \beta_1} - (w - \theta_M - kA^*)}{(k + \beta_1 + \beta_2)^2}$$

$$= \frac{-k}{(k + \beta_1 + \beta_2)} \frac{1}{(k + \beta_1 + \beta_2)} \left( \frac{\partial A^*}{\partial \beta_1} + \frac{w - \theta_M - kA^*}{k} \right) \tag{3-22}$$

显然,$\frac{\partial R^*}{\partial \alpha_1}$ 和 $\frac{\partial R^*}{\partial \beta_1}$ 之间的比较可以在 $\frac{\partial A^*}{\partial \alpha_1}$ 和 $\frac{1}{(k + \beta_1 + \beta_2)} \left( \frac{\partial A^*}{\partial \beta_1} + \frac{w - \theta_M - kA^*}{k} \right)$ 之间进行比较。由于 $\frac{-k}{k + \beta_1 + \beta_2} < 0$,推论 1 成立的条件是,$\frac{\partial A^*}{\partial \alpha_1}$ 小于 $\frac{1}{(k + \beta_1 + \beta_2)} \left( \frac{\partial A^*}{\partial \beta_1} + \frac{w - \theta_M - kA^*}{k} \right)$。分别计算这两项,为了便于分析,采用必要的符号进行简化表述,结果如下:

$$p = \frac{\partial A^*}{\partial \alpha_1} = -\frac{(w + \theta_M)(1 - k)}{k} \frac{1}{(\beta_1 + \beta_2 + \alpha_1 + \alpha_2)^2} \tag{3-23}$$

$$q = \frac{\dfrac{\partial A^*}{\partial \beta_1} + \dfrac{w - \theta_M - kA^*}{k}}{(k + \beta_1 + \beta_2)}$$

$$= \frac{-\dfrac{(w+\theta_M)(1-k)}{k\,(\beta_1+\beta_2+\alpha_1+\alpha_2)^2}+\dfrac{w-\theta_M}{k}-\dfrac{(w+\theta_M)(1-k)}{k(\beta_1+\beta_2+\alpha_1+\alpha_2)}}{(k+\beta_1+\beta_2)} \quad (3\text{-}24)$$

$p$ 和 $q$ 分别乘以 $k\,(\beta_1+\beta_2+\alpha_1+\alpha_2)^2$ 再进行比较，结果是一样的。因此有

$$p_1=pk\,(\beta_1+\beta_2+\alpha_1+\alpha_2)^2=-(w+\theta_M)(1-k) \quad (3\text{-}25)$$

$$q_1=qk(\beta_1+\beta_2+\alpha_1+\alpha_2)^2$$

$$= \frac{\begin{array}{c}-(w+\theta_M)(1-k)+(w-\theta_M)(\beta_1+\beta_2+\alpha_1+\alpha_2)^2\\-(w+\theta_M)(1-k)(\beta_1+\beta_2+\alpha_1+\alpha_2)\end{array}}{(k+\beta_1+\beta_2)} \quad (3\text{-}26)$$

$p_1$ 和 $q_1$ 分别乘以 $(k+\beta_1+\beta_2)$，再进行比较，结果是一样的。不妨令 $\alpha=\alpha_1+\alpha_2$、$\beta=\beta_1+\beta_2$ 因此有

$$p_2=p_1(k+\beta_1+\beta_2)=-(w+\theta_M)(1-k)(k+\beta) \quad (3\text{-}27)$$

$$q_2=q_1(k+\beta_1+\beta_2)$$
$$=-(w+\theta_M)(1-k)+(w-\theta_M)(\alpha+\beta)^2-$$
$$(w+\theta_M)(1-k)(\alpha+\beta) \quad (3\text{-}28)$$

展开 $p_2$ 和 $q_2$，并去掉相同的项 $(-\beta w-\beta\theta_M+kw\beta+k\theta_M\beta)$，则

$$p_3=p_2-(-\beta w-\beta\theta_M+kw\beta+k\theta_M\beta)$$
$$=-wk-k\theta_M+k^2w+k^2\theta_M \quad (3\text{-}29)$$

$$q_3=q_2-(-\beta w-\beta\theta_M+kw\beta+k\theta_M\beta)$$
$$=-\alpha w-\alpha\theta_M+\alpha kw+ak\theta_M-w-\theta_M+kw+k\theta_M+$$
$$(w-\theta_M)(\alpha+\beta)^2 \quad (3\text{-}30)$$

$$p_3-q_3=[-wk-k\theta_M+k^2w+k^2\theta_M]-[-\alpha w-\alpha\theta_M+\alpha kw+$$
$$ak\theta_M-w-\theta_M+kw+k\theta_M+(w-\theta_M)(\alpha+\beta)^2]$$
$$=[k^2w+k^2\theta_M+\alpha w+\alpha\theta_M+w+\theta_M]-$$

$$[2wk + 2k\theta_M + akw + ak\theta_M + (w - \theta_M)(\alpha + \beta)^2]$$
$$= [(w + \theta_M)(k^2 - 2k + \alpha + 1 - ak)] - [(w - \theta_M)(\alpha + \beta)^2]$$
$$= [(w + \theta_M)(k-1)^2 + \alpha(1-k)] - [(w - \theta_M)(\alpha + \beta)^2]$$

$$(3-31)$$

不失一般性,假设 $w = 1$(Zang,2007;李增福、董志强,2011),并且经理和投资者假设为风险中性($k = 0$)。则:

$$p_3 - q_3 = m_A - m_B \qquad\qquad (3-32)$$

其中,$m_A = (1 + \theta_M)(\alpha_1 + \alpha_2 + 1)$,$m_R = (1 - \theta_M)(\alpha_1 + \alpha_2 + \beta_1 + \beta_2)^2$。

在成本系数 $0 < \alpha_1、\alpha_2、\beta_1、\beta_2 < 1$,$0 < \beta_1 + \beta_2 < 1$,$0 < \alpha_1 + \alpha_2 < 1$ 的条件下,容易验证 $m_A > m_R$。由于 $\dfrac{-k}{k + \beta_1 + \beta_2} < 0$,因此,$\dfrac{\partial R^*}{\partial \alpha_1} < \dfrac{\partial R^*}{\partial \beta_1}$。这就得到了推论 1 的结论,$\dfrac{\partial K^*}{\partial \alpha_1} < \dfrac{\partial K^*}{\partial \beta_1}$。

推论 1 意味着经理对风投应计盈余管理监督水平调整的敏感度小于经理对风投真实盈余管理监督水平调整的敏感度。具体的经济含义是:风投对公司的应计和真实盈余管理实施监督,但监督水平呈现动态变化,随时间变化可能提高或降低;公司经理在这个监督制约下进行盈余管理,监督水平提高或者降低,经理也会相应在盈余管理程度上进行调整(降低或者提高)。但对于同等监督水平上的调整,经理在真实盈余管理反应的程度比在应计盈余管理上反应的程度更高。

从推论 1 可以看出,公司经理在盈余管理操控中,为了更能适应风投机构监督的动态变化,在应计盈余管理和真实盈余管理这两种行为的权衡选择中,会倾向于选择真实盈余管理,因为对于真实盈余管理监督更敏感。

在前面的模型假设中,已经假设 $\alpha_2$ 为外生变量,也即,其他股东仅在真实盈余管理上对股东进行监督。基于此,经理对于其他股东监督的敏感性,也仅体现在对真实盈余管理监督调整的反应。

公司对真实盈余管理监督的变化更敏感,是公司经理倾向于选择真实盈余管理的原因之一。如前文所述,由于外部审计和稽核更容易识别应计项目盈余,而真实经营活动的操控则难以和正常活动区别开来,这是经理更倾向于选择真实盈余管理的另一原因,也是多数文献经常提到的理由。

此外,由公式(3-11)容易得到

$$\frac{\partial R^*}{\partial A} = \frac{-k}{k + \beta_1 + \beta_2} < 0 \qquad (3\text{-}33)$$

上式不等号的成立是由于 $k > 0$,$\beta_1 > 0$,$\beta_2 > 0$。其经济含义是,经理的最优真实盈余管理程度随着应计盈余管理程度的增加而减少,两者存在着此消彼长的关系,这与多数研究的结论一致(Zang,2007;Zang,2012;李增福、董志强,2011)。

综合来看,由于在 IPO 各阶段风投对公司盈余管理的监督水平动态变化,公司经理的盈余管理程度随之变化,在盈余管理行为的选择上,可能存在真实和应计盈余管理的交替和并存,但更多表现为真实盈余管理。

# 第三节　风投影响公司盈余管理行为的策略

对于风投机构,如果意图抑制或者刺激公司的盈余管理,同样面临着选择在应计盈余管理或者真实盈余管理方面施加影响的权衡。当然,风投不能直接进行公司的盈余管理,必须通过公司经理实现。风投机构在应计盈余管理和真实盈余管理的最优监督水平$(\alpha_1, \beta_1)$根据最大化其预期股权价值(3-6)决定。在博弈均衡条件下,最大化的一阶条件为,

$$\frac{\partial f(\alpha_1, \beta_1)}{\partial \alpha_1} = \theta_V \left( -\frac{\partial A^*}{\partial \alpha_1} - \frac{\partial R^*}{\partial \alpha_1} \right) \qquad (3\text{-}34)$$

$$\frac{\partial f(\alpha_1, \beta_1)}{\partial \beta_1} = \theta_V \left( -\frac{\partial A^*}{\partial \beta_1} - \frac{\partial R^*}{\partial \beta_1} \right) \qquad (3\text{-}35)$$

上两式即前文的公式(3-17)和(3-18),为风投最优监督水平下的边际成本。从这两式可以看出,风投决策最优监督水平等同于监督成本的最小化,因为风投的预期收益是公司市值(按持股比例分享)减去监督成本。这里的监督,是指广泛意义上的监督,包括起抑制作用的"监督"和起侵害作用的"刺激"。接下来证明如下的推论:

推论2:在博弈均衡下,风投监督真实盈余管理的边际成本$\dfrac{\partial f(\alpha_1, \beta_1)}{\partial \beta_1}$,比监督应计盈余管理的边际成本$\dfrac{\partial f(\alpha_1, \beta_1)}{\partial \alpha_1}$低,也即$\dfrac{\partial f(\alpha_1, \beta_1)}{\partial \alpha_1}$

$> \dfrac{\partial f(\alpha_1, \beta_1)}{\partial \beta_1}$。

容易验证,

$$\frac{\partial f(\alpha_1, \beta_1)}{\partial \alpha_1} = \theta_V \left( -\frac{\partial A^*}{\partial \alpha_1} - \frac{\partial R^*}{\partial \alpha_1} \right)$$

$$= -\theta_V \left( \frac{\partial A^*}{\partial \alpha_1} + \frac{\partial R^*}{\partial \alpha_1} \right) = -\theta_V \frac{\partial K^*}{\partial \alpha_1} \qquad (3\text{-}36)$$

$$\frac{\partial f(\alpha_1, \beta_1)}{\partial \beta_1} = \theta_V \left( -\frac{\partial A^*}{\partial \beta_1} - \frac{\partial R^*}{\partial \beta_1} \right)$$

$$= -\theta_V (\frac{\partial A^*}{\partial \beta_1} + \frac{\partial R^*}{\partial \beta_1}) = -\theta_V \frac{\partial K^*}{\partial \beta_1} \qquad (3-37)$$

从上两式可以发现,风投最优监督的边际成本取决于风投支持公司两种盈余监督的敏感度 $\frac{\partial K^*}{\partial \alpha_1}$ 和 $\frac{\partial K^*}{\partial \beta_1}$。

前面已经证明,$\frac{\partial K^*}{\partial \alpha_1} < \frac{\partial K^*}{\partial \beta_1}$,因此,容易得到

$$\frac{\partial f(\alpha_1, \beta_1)}{\partial \alpha_1} > \frac{\partial f(\alpha_1, \beta_1)}{\partial \beta_1} \qquad (3-38)$$

上式意味着,在均衡状态下,风投监督真实盈余管理的边际成本更低,因此,风投倾向于对真实盈余管理施加影响。这个影响可以是抑制或者刺激。

推论 2 的经济含义是:由于公司经理对真实盈余管理的监督更为敏感,导致了风投在对真实盈余管理施加影响的边际成本更低,或者说,真实盈余管理的监督的微小变化,比应计盈余管理的监督的同等单位变化,更容易引起公司经理盈余管理操控更大幅度的变化。因此,风投倾向于对公司的真实盈余管理施加影响。

# 第四节　本章小结

本章构建风投支持公司的盈余管理行为三方博弈模型,模型中包括公司经理、风投机构和其他股东的三个博弈方。根据博弈模型的均衡,分析在风投机构存在的情况下,经理在应计和真实盈余管理两种盈余管理行为的权衡策略。并且分析风投影响公司盈余管理行为的权衡

策略。通过对三方博弈模型的求解和推导,得出如下结论:

1.风投支持公司的经理对风投应计盈余管理监督水平调整的敏感度小于对风投真实盈余管理监督水平调整的敏感度。具体经济意义是:风投对公司的应计和真实盈余管理实施监督,但监督水平呈现动态变化(提高或者降低);公司经理对风投变化的监督水平作出相应的反应(提高或者降低);但对于同等的监督水平上的变化,在真实盈余管理反应的程度比在应计盈余管理上反应的程度更高。

2.公司经理在盈余管理操控中,为了更能适应风投监督水平的动态变化,在应计和真实两种盈余管理行为的权衡选择中,倾向于选择真实盈余管理,因为对于真实盈余管理监督更敏感。

3.经理的最优真实盈余管理程度随着应计盈余管理程度的增加而减少,两者存在此消彼长的关系。由于风投的盈余管理监督动态变化,公司经理的盈余管理程度随之变化,在盈余管理行为的选择上,可能存在真实和应计盈余管理的交替和并存,但更多表现为真实盈余管理。

4.在均衡状态下,风投影响公司真实盈余管理的边际成本,比影响公司应计盈余管理的边际成本更低。这是因为公司经理对真实盈余管理的监督更为敏感,真实盈余管理的监督的微小变化比应计盈余管理的监督的同等单位变化,更容易引起公司经理盈余管理操控更大幅度的变化。因此,风投倾向于对真实盈余管理施加影响。这个影响可以是抑制或者刺激。

# 第四章　风投支持公司的盈余管理行为的动态分析

在上一章博弈分析的基础上,本章主要实证研究风投支持公司盈余管理程度和盈余管理行为权衡在 IPO 各阶段(IPO 筹备期、IPO 当期、锁定期、解锁退出前和退出后)的动态变化。主要包括:(1)风投支持公司的应计盈余管理和真实盈余管理程度的动态变化,重点关注 IPO 筹备期及 IPO 当期、解锁退出前的盈余管理程度。(2)风投支持公司在盈余管理行为的权衡,即倾向于应计盈余管理还是真实盈余管理,以及这种行为权衡在各个阶段的动态变化。

## 第一节　盈余管理程度和行为动态变化的<br>理论分析与研究假设

### 一、盈余管理程度动态变化的理论分析与假设

正如前文所讨论,风投支持公司在 IPO 各个阶段存在进行盈余管理的潜在动机,在这个过程中,有两个阶段常被关注,一是公司 IPO 筹备和发行当期,二是禁售解锁后的风投机构退出前期。IPO 筹备和发

行当期,为了实现成功 IPO 的共同目的,风投、其他股东和经理可能存在一致的利益关系。在解锁退出前,风投择机退出,并且通常早于其他股东,出于对实现高退出收益的内在利益考虑,可能存在减弱对公司盈余操控的监督从而刺激盈余管理的动机,这可能与其他股东的利益冲突。

多数研究已经表明,顺利实现上市的目标给予公司和经理强烈的动机进行盈余管理(黄福广、李西文,2012;Gioielli and Carvalho,2013)。尤其是在对 IPO 配额和规模进行控制的中国资本市场,IPO 相对而言是珍贵的资源。因此,公司具有强烈的动机在 IPO 期间进行盈余管理。当然,上市前潜在投资者也会对意向投资公司的财务进行评估,包括识别财务盈余的质量。但由于信息不对称,公司经理掌握历史经营情况的真实信息,而潜在投资者只能根据公司报送给监管机构三年一期的财务报表进行判断。根据这个历史信息和招股说明书,潜在投资者很难推断公司经理是否存在盈余操控。这种信息的不对称,使得公司经理在 IPO 当期以及 IPO 筹备期存在盈余操控的动机,尤其是 IPO 当期的动机更强烈。

由于缺乏正常经营活动的支撑,操控后的盈余在后续会计期间会逐渐出现反转,但强烈的反转不会立即出现在 IPO 之后。一是,由于上市后存在的禁售期(一般为一年),为了在解禁期结束后能实现较好的股权减持或退出收益,盈余操控可能在禁售期持续。二是,出于对职业声誉的考虑,管理层不会"允许"IPO 期间进行的盈余管理在 IPO 后立即出现明显的反转。

因此,本书提出如下假设:

H4-1:IPO 当期的盈余管理程度,高于其他阶段的盈余管理程度。

对于风投支持公司,风投作为机构投资者,与其他股东相比,两者在专业知识、投资经验等方面存在明显差异，并且风投通常也比其他股东更早离场。风投对所投资公司的盈余管理可能存在监督作用，风投通过委托—代理方式监管被投资企业，使用各种方法监督控制管理层的机会主义行为。同时，风投也可能存在"侵害"公司的"道德行为"。因为风投的最终目的是实现投资收益的最大化，资金的回收速度和IPO的成功率对其发展和行业声誉相当重要，风投甚至有可能帮助公司美化财务，所以风投不仅起不到监督作用，反而会刺激被投资企业实施盈余管理行为。在我国，尽管风投产业发展迅速，但总体上仍未成熟，有关风投的法律法规有待完善健全，IPO退出渠道并非十分顺畅，这些原因都将导致风投对公司盈余管理的抑制能力受到限制。

因此，由于风投的存在，风投支持公司的盈余管理程度在各阶段的动态变化，可能与无风投支持公司盈余管理程度的动态变化不同。尤其是在IPO阶段，为了顺利实现IPO，公司经理、风投和其他股东的利益可能是一致的。因此，本书提出如下假设：

H4-2：风投支持公司IPO当期的盈余管理程度与其他阶段的差距，异于无风投支持公司对应的差距。风投支持公司盈余管理程度在各阶段的动态变化更强烈。

如上文所述，IPO筹备期和当期的盈余管理由于缺乏正常经营活动的支撑，在后续会计期间会逐渐出现反转，但强烈的反转通常不会立即发生在IPO之后。对于风投支持公司，这种强反转可能出现在退出之后。风投在筛选项目的时候，往往已经遴选具有良好发展前景的公司。因此，在解禁之后，出于对职业声誉的考虑，风投往往不是选择立即退出，而是会选择继续持有一段时间，或者逐步减持。风投的最终目的是实现高投资收益，因此，在解锁退出前的阶段，风投存在着刺激公司盈余管理的动机，这将使得风投机构退出后公司出现明显的盈余管

理程度的反转。因此,本书提出如下假设:

H4-3:风投支持公司在风投退出后的盈余管理程度,低于解锁退出前的盈余管理程度。

## 二、盈余管理行为动态变化的理论分析与假设

根据第三章风投支持公司盈余管理行为三方博弈模型的推论1,在均衡状态下,公司经理最优盈余管理($K^*$)对风投的应计盈余管理监督($\alpha_1$)的敏感度$\dfrac{\partial K^*}{\partial \alpha_1}$,小于对风投的真实盈余管理监督($\beta_1$)的敏感度$\dfrac{\partial K^*}{\partial \beta_1}$,即,$\dfrac{\partial K^*}{\partial \alpha_1} < \dfrac{\partial K^*}{\partial \beta_1}$。推论1意味着,经理对应计盈余管理监督水平调整的敏感度小于对真实盈余管理水平调整的敏感度。

风投对公司的应计和真实盈余管理实施监督,但监督水平呈现动态变化,随时间可能加强或减弱;公司经理在这个监督制约下进行盈余管理,监督水平加强或者减弱,经理也相应在盈余管理程度上作出反应(减弱或者增强)。但对于同等的监督水平上的调整,经理在真实盈余管理反应的程度比在应计盈余管理上反应的程度更大。

从推论1可以看出,公司经理在盈余管理操控中,为了更能适应风投监督的动态变化,在应计和真实两种盈余管理行为的权衡选择中,会倾向于选择真实盈余管理,因为对于真实盈余管理监督更敏感、更"灵敏"。多数研究已经提到,由于外部审计和稽核更容易识别应计项目盈余,而真实经营活动的操控难以与正常活动区别,因此经理更倾向于选择真实盈余管理行为。

博弈分析结果同时指出,在均衡状态下,经理的最优真实盈余管理程度随着应计盈余管理程度的提高而降低,两者存在此消彼长的关系,

多数研究也得到类似的结论(李增福、董志强,2011)。

由于风投在 IPO 各阶段的监督水平呈现动态变化,公司经理的盈余管理也随之变化,在盈余管理行为的选择上,可能存在真实和应计盈余管理的交替和并存,但更多表现为真实盈余管理。本书提出如下假设:

H4-4:风投支持公司的真实盈余管理和应计盈余管理行为存在交替和并存的动态变化,但更倾向于真实盈余管理行为。

# 第二节　计量模型和回归模型的构建

## 一、应计和真实盈余管理的计量

盈余管理的计量方法,实证会计已经取得较丰富的成果。本书采用修正的琼斯模型计量应计盈余管理,采用 Roychowdhury(2006)、Cohen 和 Zarowin(2010)的研究方法来计量真实盈余管理。

(一)应计盈余管理的计量模型

修正琼斯模型在计量应计盈余管理的有效性得到众多研究的证实(Dechow et al.,1995)。根据 Jones(1991)提出的修正琼斯模型计量样本公司的盈余管理,具体步骤如下:

1.计算总应计利润(TAC)

净利润反映企业在一定时期内的经营绩效,经营活动产生的现金流量净额则反映企业通过正常经营活动来获得现金的能力。由于会计核算以权责发生制（accrual basis）为基础，而非现金收付制（cash basis），因此，基于现金收付制的经营活动现金流量净额与基于权责发生制的净利润之间存在一些差异，由此造成了信息不对称，这就使企业的利益相关者有可乘之机，通过会计政策的选择或者会计估计变更等方法来进行盈余管理。这种差异的表现形式就是总应计利润（total accruals），其计算方法为

$$\text{TAC}_{i,t} = \text{NI}_{i,t} - \text{CFO}_{i,t} \tag{4-1}$$

其中，

$\text{TAC}_{i,t}$ 为第 $i$ 个企业第 $t$ 年度末的总应计利润；

$\text{NI}_{i,t}$ 为第 $i$ 个企业第 $t$ 年度末的净利润；

$\text{CFO}_{i,t}$ 为第 $i$ 个企业第 $t$ 年度末的经营活动产生的现金流量净额。

2.计算非操纵性总应计利润（NDTAC）

非操纵性总应计利润为该行业该年度的"平均"的合理水平，通过最小二乘法回归确定。分行业并分年度地对方程（4-2）进行普通最小二乘法 OLS 回归后，得到参数 $\beta_0$、$\beta_1$、$\beta_2$ 的估计值，再将参数估计值 $\hat{\beta}_0$、$\hat{\beta}_1$、$\hat{\beta}_2$ 代入方程（4-3）计算，得到企业的非操纵性总应计利润 $\text{NDTAC}_{i,t}$。

$$\frac{\text{TAC}_{i,t}}{\text{TA}_{i,t-1}} = \beta_0 \left[ \frac{1}{\text{TA}_{i,t-1}} \right] + \beta_1 \left[ \frac{\Delta \text{REV}_{i,t} + \Delta \text{REC}_{i,t}}{\text{TA}_{i,t-1}} \right] +$$
$$\beta_2 \left[ \frac{\text{PPE}_{i,t}}{\text{TA}_{i,t-1}} \right] + \varepsilon_{i,t} \tag{4-2}$$

$$\text{NDTAC}_{i,t} = \hat{\beta}_0 \left[ \frac{1}{\text{TA}_{i,t-1}} \right] + \hat{\beta}_1 \left[ \frac{\Delta \text{REV}_{i,t} + \Delta \text{REC}_{i,t}}{\text{TA}_{i,t-1}} \right] +$$
$$\hat{\beta}_2 \left[ \frac{\text{PPE}_{i,t}}{\text{TA}_{i,t-1}} \right] \tag{4-3}$$

其中，

$\Delta REV_{i,t}$ 为第 $i$ 个企业在 $t$ 年度内的主营业务收入变化额；

$\Delta REC_{i,t}$ 为第 $i$ 个企业在 $t$ 年度内的应收账款净额变化额；

$PPE_{i,t}$ 为第 $i$ 个企业在第 $t$ 年度末的期末固定资产原值；

$NDTAC_{i,t}$ 为第 $i$ 个企业在第 $t$ 年度末的非操纵性总应计利润。

3. 计算可操纵性总应计利润（DTAC）

操纵性的应计利润为企业偏离行业的"平均"合理水平的偏离程度。将第 1 步得到的企业总应计利润和第 2 步得到的非操纵性总应计利润 $NDTAC_{i,t}$ 代入方程（4-4），计算得到企业的可操纵性总应计利润 $DTAC_{i,t}$。可操纵性总应计利润 $DTAC_{i,t}$ 作为企业的应计盈余管理水平的度量，记为 $AEM_{i,t}$。

$$AEM_{i,t} = DTAC_{i,t} = \frac{TAC_{i,t}}{TA_{i,t-1}} - NDTAC_{i,t} \qquad (4\text{-}4)$$

（二）真实盈余管理的计量模型

Roychowdhury（2006）、Cohen 和 Zarowin（2010）对真实盈余管理的计量和测度，也得到众多研究的认可。本书将借鉴他们的方法，从以下三个方面来衡量真实活动盈余操控：销售操控、生产操控和酌量性费用操控。

销售操控是指通过提高价格折扣或者提供更宽松的信用条款以实现销售提前。这种折扣和宽松信用条款将在短期内提高销售额，但当价格或条款恢复，销售额将恢复正常。在销售利润率为正的情况下，这些额外的销售将提高当期利润。但价格折扣和宽松的信用条款将导致当期更低（比正常情况）的现金流，也使得每单位销售的经营现金流量净额减少。这种操控方式可用异常经营活动产生的现金净额来计量。

生产操控是指通过增加产量以报告更低的销售成本。管理层可以通过增大产量(比必要产量更高)来提高利润。产量提高,固定成本摊薄。只要单位固定成本降低的程度不被单位边际成本提高的程度所抵消,单位总成本将得到降低。这将导致所报告的单位销售成本更低(比正常情况),从而报告更高的利润。然而,相对于销售而言,这些行为仍然会产生其他生产和持有成本,从而导致更高的总体生产成本和存货持有成本。对于同样的销售水平,这些行为产生更低的经营活动现金流。这种操控方式可用异常的生产成本来计量。

酌量性费用操控是指降低斟酌性费用,包括广告费用、研发费用和一般性的销售管理费用。降低这类费用,可以调整当期利润,并带来较高的当期现金流(未来存在降低现金流的风险),如果公司通常以现金支付这些费用的话。这种操控方式可用异常酌量性费用来计量。

因此,如果当年企业调增利润,那么就有更低的经营活动产生的现金流量、更高的生产成本和更低的酌量性费用,而在扣除了不可操控的部分后,企业将呈现出更低的异常现金流、更高的异常生产成本和更低的酌量性费用。

具体计量企业的真实盈余管理的步骤如下:

1.估计经营活动现金流量净额,生产成本和酌量性费用的正常水平

借鉴 Dechow 等(1995)、Roychowdhury(2006)的线性回归方法来估算经营活动现金流量净额、生产成本和酌量性费用的正常水平。

正常的经营活动现金流量表示为销售以及销售变动的线性函数,

$$\frac{\text{CFO}_{i,t}}{\text{TA}_{i,t-1}} = k_1 \frac{1}{\text{TA}_{i,t-1}} + k_2 \frac{\text{Sales}_{i,t}}{\text{TA}_{i,t-1}} + k_3 \frac{\Delta\text{Sales}_{i,t}}{\text{TA}_{i,t-1}} + \varepsilon_{i,t} \tag{4-5}$$

生产成本定义为主营业务成本(COGS)和当年存货(INV)变动额之和。主营业务成本为当期销售的线性函数:

$$\frac{\text{COGS}_{i,t}}{\text{TA}_{i,t-1}} = k_1 \frac{1}{\text{TA}_{i,t-1}} + k_2 \frac{\text{Sales}_{i,t}}{\text{TA}_{i,t-1}} + \varepsilon_{i,t} \tag{4-6}$$

存货变化额为当期销售变动以及前期销售变动额的函数:

$$\frac{\Delta \text{INV}_{i,t}}{\text{TA}_{i,t-1}} = k_1 \frac{1}{\text{TA}_{i,t-1}} + k_2 \frac{\Delta \text{Sales}_{i,t}}{\text{TA}_{i,t-1}} + k_3 \frac{\Delta \text{Sales}_{i,t-1}}{\text{TA}_{i,t-1}} + \varepsilon_{i,t} \tag{4-7}$$

根据上面两个模型,生产成本的正常水平估计如下:

$$\frac{\text{PROD}_{i,t}}{\text{TA}_{i,t-1}} = k_1 \frac{1}{\text{TA}_{i,t-1}} + k_2 \frac{\text{Sales}_{i,t}}{\text{TA}_{i,t-1}} + k_3 \frac{\Delta \text{Sales}_{i,t}}{\text{TA}_{i,t-1}} +$$

$$k_4 \frac{\Delta \text{Sales}_{i,t-1}}{\text{TA}_{i,t-1}} + \varepsilon_{i,t} \tag{4-8}$$

酌量性费用的正常水平,可以表示为如下销售以及销售变动额的线性函数:

$$\frac{\text{DISEXP}_{i,t}}{\text{TA}_{i,t-1}} = k_1 \frac{1}{\text{TA}_{i,t-1}} + k_2 \frac{\text{Sales}_{i,t}}{\text{TA}_{i,t-1}} + k_3 \frac{\Delta \text{Sales}_{i,t}}{\text{TA}_{i,t-1}} + \varepsilon_{i,t} \tag{4-9}$$

为了避免回归中出现的基础问题,对于斟酌性费用正常水平的估计,将采用依赖于前期销售额的线性函数:

$$\frac{\text{DISEXP}_{i,t}}{\text{TA}_{i,t-1}} = k_1 \frac{1}{\text{TA}_{i,t-1}} + k_2 \frac{\text{Sales}_{i,t-1}}{\text{TA}_{i,t-1}} + \varepsilon_{i,t} \tag{4-10}$$

其中,$\text{CFO}_{i,t}$ 为第 $i$ 个企业第 $t$ 年度末的经营活动产生的现金流量净额;

$\text{COGS}_{i,t}$ 为第 $i$ 个企业第 $t$ 年度末的主营业务成本;

$\Delta \text{INV}_{i,t}$ 为第 $i$ 个企业在第 $t$ 年度内的存货变化额;

$\text{PROD}_{i,t}$ 为第 $i$ 个企业第 $t$ 年度末的生产成本,即主营业务成本和存货变化额之和;

$\text{DISEXP}_{i,t}$ 为第 $i$ 个企业第 $t$ 年度末的酌量性费用;

$TA_{i,t-1}$为第 $i$ 个企业在第 $(t-1)$ 年度末的资产总额；

$Sales_{i,t}$为第 $i$ 个企业第 $t$ 年度末的销售额；

$\Delta Sales_{i,t}$为第 $i$ 个企业在第 $t$ 年度内的销售变化额。

对模型(4-5)、(4-8)、(4-10)进行分行业分年度的 OLS 估计,得到相应参数的估计值之后,进而计算出经营活动现金流量(CFO)、生产成本(PROD)和斟酌性费用(DISEXP)的拟合值,分别记为$\overline{CFO}$、$\overline{PROD}$、$\overline{DISEXP}$,可以作为这三项的正常值的估计。

2.估计经营活动现金流量净额、生产成本和酌量性费用的异常水平

将实际值减去根据上述模型估计的正常水平(也就是模型估计的残差),作为异常的经营活动现金流(AB_CFO)、异常的生产成本(AB_PROD)和异常的斟酌性费用(AB_DISEXP)的估计。

企业的实际经营活动现金流量为$\dfrac{CFO_{i,t}}{TA_{i,t-1}}$,则将异常的经营活动现金流定义为:

$$AB\_CFO_{i,t}=\frac{CFO_{i,t}}{TA_{i,t-1}}-\overline{\frac{CFO_{i,t}}{TA_{i,t-1}}} \qquad (4-11)$$

企业的实际生产成本为$\dfrac{PROD_{i,t}}{TA_{i,t-1}}$,则将异常的生产成本定义为:

$$AB\_PROD_{i,t}=\frac{PROD_{i,t}}{TA_{i,t-1}}-\overline{\frac{PROD_{i,t}}{TA_{i,t-1}}} \qquad (4-12)$$

企业的实际酌量性费用为$\dfrac{DISEXP_{i,t}}{TA_{i,t-1}}$,则将异常的酌量性费用定义为:

$$AB\_DISEXP_{i,t}=\frac{DISEXP_{i,t}}{TA_{i,t-1}}-\overline{\frac{DISEXP_{i,t}}{TA_{i,t-1}}} \qquad (4-13)$$

异常的现金流（AB_CFO）、异常的生产成本（AB_PROD）和异常的斟酌性费用（AB_DISEXP）三个变量作为真实活动盈余管理的代理变量。

给定公司的销售水平，如果公司进行真实盈余管理，则将出现非正常的经营活动现金流、（或）非正常的斟酌性费用、（或）非正常的高生产成本。显然，这三者的变化方向是不一样的，如果存在盈余管理，表现为异常经营活动现金流的增加、异常生产成本的降低和异常酌量性费用的增加。因此，为了方向一致，参考 Cohen 和 Zarowin（2010）、Zang（2012）、Cohen 等（2008）、Kuo 等（2014）的方法，将这三个代理变量进行如下三种方式的加总，得到 REM_1、REM_2、REM_3 作为真实盈余管理的总体计量指标。

$$REM1_{i,t} = -AB\_CFO_{i,t} + AB\_PROD_{i,t} \tag{4-14}$$

$$REM2_{i,t} = -AB\_CFO_{i,t} - AB\_DISEXP_{i,t} \tag{4-15}$$

$$REM3_{i,t} = -AB\_CFO_{i,t} + AB\_PROD_{i,t} - AB\_DISEXP_{i,t} \tag{4-16}$$

这三种度量指标，有助于分析真实盈余管理的多种形式，如侧重销售操控和生产成本操控、销售操控和斟酌性费用操控、综合三种操控。这三种度量指标中的一种，如果在统计显著，本书都认为存在真实盈余操控。

## 二、面板回归模型

为了验证前面提出的研究假设，本研究将采用单变量的对比检验、面板回归和均值检验的统计方法进行检验。

根据公司上市各个时期构建哑变量，以实现不同时期的对比。构建的哑变量如下：

$$\mathrm{PREIPO}_{i,t}=\begin{cases}1, \text{IPO 筹备期}\\ 0, \text{其他时期}\end{cases}$$

$$\mathrm{IPO}_{i,t}=\begin{cases}1, \text{IPO 当期}\\ 0, \text{其他时期}\end{cases}$$

$$\mathrm{LOCKUP}_{i,t}=\begin{cases}1, \text{锁定期}\\ 0, \text{其他时期}\end{cases}$$

$$\mathrm{PRESALE}_{i,t}=\begin{cases}1, \text{解锁退出前}\\ 0, \text{其他时期}\end{cases}$$

$$\mathrm{POSTSALE}_{i,t}=\begin{cases}1, \text{退出后}\\ 0, \text{其他时期}\end{cases}$$

五个哑变量中,每次回归分析只选择四个进入回归方程,以避免哑变量陷阱的共线性,未选哑变量所对应的时期,作为对比的基准时期。

选择以 IPO 筹备期作为对比基期,可以比较后续各阶段与 IPO 筹备期的对比,模型如下:

$$\mathrm{EM}_{i,t}=\beta_0+\beta_2\mathrm{IPO}_{i,t}+\beta_3\mathrm{LOCKUP}_{i,t}+\beta_4\mathrm{PRESALE}_{i,t}+$$
$$\beta_5\mathrm{POSTSALE}_{i,t}+\beta_6\mathrm{CONTROL}_{i,t}+\varepsilon_{i,t} \qquad (4\text{-}17)$$

其中,被解释变量 $\mathrm{EM}_{i,t}$ 分别对应着应计盈余管理(AEM)和真实盈余管理的三种测度(REM1、REM2、REM3)。控制变量(CONTROL)的选择,将在下文详细解释。

以 IPO 当期作为基期对比,可以比较其他阶段与 IPO 当期,模型如下:

$$\mathrm{EM}_{i,t}=\beta_0+\beta_1\mathrm{PREIPO}_{i,t}+\beta_3\mathrm{LOCKUP}_{i,t}+\beta_4\mathrm{PRESALE}_{i,t}+$$
$$\beta_5\mathrm{POSTSALE}_{i,t}+\beta_6\mathrm{CONTROL}_{i,t}+\varepsilon_{i,t} \qquad (4\text{-}18)$$

以解锁退出前作为对比基期,可以进行其他期与解锁退出前的对

比,尤其是退出后比解锁退出前的盈余管理程度的变化,模型如下:

$$EM_{i,t} = \beta_0 + \beta_1 PREIPO_{i,t} + \beta_2 IPO_{i,t} + \beta_3 LOCKUP_{i,t} +$$
$$\beta_5 POSTSALE_{i,t} + \beta_6 CONTROL_{i,t} + \varepsilon_{i,t} \quad (4-19)$$

## 三、回归变量选择

应计盈余管理(AEM)和真实盈余管理的三种测度(REM1、REM2、REM3)分别作为被解释变量。这些被解释变量的计算方法,如上文所述。

对于控制变量组合(CONTROL)的选择,本书将根据实证会计的三大基本假设(薪酬契约假设、债务契约假设和政治成本假设)进行选择,并且考虑外部监督的控制变量。由于公司治理的数据在 IPO 筹备期缺失严重,因此,在面板回归中,暂不考虑公司治理的内部监督,在下一章的混合回归模型中考虑。

首先,从薪酬契约假设的角度考虑。现代企业制度下,公司所有权和经营权分离,公司股东和经理之间存在利益冲突,为了降低委托代理的成本,公司股东和经理签订以公司经营业绩为基础的薪酬契约(Jensen and Meckling,1976)。为了获得更好的薪酬待遇,经理存在操控企业会计信息调整盈余的潜在动机。因此公司经营业绩的差异,会影响到公司的盈余管理。从薪酬契约假设的角度,考虑的变量包括主营业务收入增长率(GROWTH)、销售现金比率(PERFORMR)和资产回报率(ROA)。

主营业务收入增长率(GROWTH),为公司当年主营业务收入相对上年的增长率。对于公司成长性,Morsfield 和 Tan(2006)的研究指出,在公司的成长性阶段,公司管理者和控股股东可能会采取一定策略来减少公司的盈余管理行为,以便在未来取得更大的收益。销售现金比例(PERFORMR),为经营活动现金流量净额除以主营业务收入。资产回报率(ROA),为公司当年净利润除以当年资产总额。

其次,从债务契约假设的角度考虑。债权人出借资金获得相对固定的利息回报,公司取得资金只有投资于回报率比利率更高的项目才有利可图,但也伴随着更高的风险。为了限制或者降低股东的高风险行为,降低债权人收回到期本息的不确定性,债权人在出借资金时,往往与公司签订一些附加的债务契约,如果契约被违背,债权人可以实施加息或者提前收回本金的惩罚。这些契约条款多数与公司的经营盈利相挂钩,以此为债权人揭示风险。因此,当契约条款临近违约边缘时,公司经理存在调整盈余的动机。Roychowdhury(2006)发现在美国上市公司中,资产负债率与真实盈余管理正相关。但是,公司负债比率越高,也意味着债权人对公司的经营状况关注度更高,出于对这种关注的忌惮,经理也可能降低其盈余管理。

从债务契约假设角度,本研究选择的变量为资产负债率(LEVER-AGE),为公司当年负债总额除以当年资产总额。

再次,从政治成本假设的角度考虑。公司利润通常是监管机构进行市场垄断调查的关键变量,为了回避反垄断惩罚,企业存在调整盈余的动机。政治成本假设的研究通常将该动机与企业规模联系起来,企业规模越大,越容易受到监管机构和公众关注,调减盈余的动机越大。从政治成本假设的角度,本书选择的指标为公司规模(SIZE),为公司总资产的自然对数。

最后,从外部监督的角度看。较多研究指出,如果外部审计机构不能识别或者防止会计错报失真的话,将会严重损害其声誉(Morsfield and Tan,2006;Gioielli and Carvalho,2013)。主承销商在确保财务报告信息真实的基础上,出发点和审计师是一致的。因此,享有高声誉的审计机构和主承销商,具有强烈的动机来监督其审计或者承销的公司,抑制其盈余管理行为。从这个角度,本书选择审计机构(AUDITOR)和主承销商声誉(UNDERWRITER)。

审计机构声誉的计算,根据中国注册会计师协会发布的年度《中国会计师事务所综合评价前百家信息》的排名次序,排名前十的取1,其他取0。排名前十位的会计师事务所分别为普华永道中天、安永华明、德勤华永、毕马威华振、立信、中瑞岳华、信永中和、大信、利安达、天职国际。

主承销商声誉的计算,采用 Carter 和 Manaster(1990)的 C~M 综合指数算法,根据中国证券业协会公布的 2002—2010 年度证券公司数据计算综合排名。排名前十的取1,其他取0。排名前十位的承销商分别为中信证券、国信证券、中金公司、国泰君安、海通证券、银河证券、平安证券、广发证券、光大证券、招商证券。

控制变量的名称、符号及其计算方法如表 4-1 所示。

**表 4-1　控制变量的符号及其计算方法**

| 变量名称 | 变量符号 | 计算方法 |
|---|---|---|
| 主营业务收入增长率 | GROWTH | [T 年主营业务收入－(T－1)年主营业务收入]/(T－1)年主营业务收入 |
| 销售现金比 | PERFORMR | 经营活动现金流量净额/主营业收入 |
| 资产回报率 | ROA | 净利润/总资产 |
| 资产负债比 | LEVERAGE | 总负债/总资产 |
| 公司规模 | SIZE | 总资产的自然对数 |
| 审计机构声誉 | AUDITOR | 虚拟变量,进入排名前十取1,否则取0 |
| 主承销商声誉 | UNDERWRITER | 虚拟变量,进入排名前十取1,否则取0 |

# 第三节　盈余管理程度和行为在 IPO
## 各阶段的动态分析

## 一、数据与样本描述

### （一）数据描述

选取 2002—2013 年 IPO 上市的制造业公司作为研究样本。剔除数据缺失的公司（如金正大公司，股票代码 002470，缺失应收账款净额数据）后，最终样本公司为 630 家，其中风投支持公司为 184 家，无风投支持公司为 446 家。样本公司上市前后的财务数据、公司治理数据以及审计机构和承销机构的信息来自 Wind 数据库和国泰安数据库。风投机构的有关数据来自 CV-Source 数据库。

根据证监会行业分类标准和 CV-Source 的风投支持公司数据，表 4-2 整理了 2002 年至 2013 年期间各行业 IPO 上市的风投支持公司的分布情况。如表 4-2 所示，制造业风投支持公司有 184 家，信息技术业风投支持公司 41 家，其他行业的风投支持公司的数量较少（个位数）。尽管可以采用行业哑变量将所有样本纳入分析，但由于行业样本数量差异大，出于稳健性的考虑，删除个位数样本的行业。再考虑到，制造业与信息技术业，在公司规模、经营范围、行业政策等差异非常大，尤其是制造业公司的公司规模一般较大，经营时间长，公司管理相对规范，因此本书选取制造业公司作为样本。

表 4-2　2002—2013 年各行业 IPO 上市的风投支持公司分布情况

| 证监会行业代码 | 证监会行业名称 | 风投支持公司的数量 |
|---|---|---|
| A | 农、林、牧、渔业 | 6 |
| B | 采掘业 | 4 |
| C | 制造业 | 184 |
| D | 电力、煤气及水的生产和供应业 | 0 |
| E | 建筑业 | 5 |
| F | 交通运输仓储业 | 3 |
| G | 信息技术业 | 41 |
| H | 批发和零售贸易 | 6 |
| I | 金融、保险业 | 8 |
| J | 房地产业 | 2 |
| K | 社会服务业 | 7 |
| L | 传播与文化产业 | 5 |
| M | 综合类 | 0 |

表 4-3　IPO 各阶段样本公司及观测值数量

| | | IPO 筹备期 | IPO 当期 | 锁定期 | 解锁退出前 | 退出后 |
|---|---|---|---|---|---|---|
| 所有样本 | 样本数 | 630 | 630 | 630 | 630 | 630 |
| | 观测值 | 577 | 627 | 735 | 703 | 1124 |
| 风投支持公司 | 样本数 | 184 | 184 | 184 | 184 | 184 |
| | 观测值 | 175 | 184 | 291 | 260 | 232 |
| 无风投支持公司 | 样本数 | 446 | 446 | 446 | 446 | 446 |
| | 观测值 | 402 | 443 | 444 | 443 | 892 |

表 4-3 列举了在 IPO 各阶段的样本公司及观测值数量。样本公司和观测值数量的具体情况如下:对于 IPO 筹备期,共有 184 家风投支持公司,其中 157 家公司有 IPO 前 1 年完整数据,18 家有 IPO 前 2 年完整数据,27 家在 IPO 前 2 年均没有完整数据;对于 IPO 当期,184 家公

司的数据均完整;对于锁定期,共有 184 家样本公司,但有 3 家公司数据不完整,其他 181 家公司数据完整,其中,有 41 家公司锁定期超过 3 年,因此观测值共 291 个;解锁退出前,在 184 家样本公司中,有 74 家公司的风投在 2013 年仍未退出,有 107 家公司的风投在 2013 年前(含当年)退出,因此,解锁后退出前的观测值共有 260 个;退出后阶段,在 184 家样本公司中,对于风投在 2013 年(含当年)退出的 107 家公司,取风投退出后的公司近 3 年的数据,共有 232 个观测值。因此,本书所采用的面板分析为非平衡型,类似多数文献的做法(Gioielli and Carvalho,2013)。

作为对比的无风投支持公司,IPO 筹备期 446 个样本公司中,347 家在 IPO 前 1 年或 2 年有完整数据,共 402 个观测值。IPO 当期有 3 家公司数据不完整。锁定期有 2 家数据不完整。选择锁定期后 1 年的数据,作为与风投支持公司解锁退出前的时期对比,共有 443 个观测值。参考(Gioielli and Carvalho,2013)选择两个会计期的做法,选择锁定期后 2 年的数据,作为与风投支持公司的退出期对比,共有 892 个观测值。

(二)描述性统计

表 4-1 中列举的各个控制变量在 IPO 筹备期、IPO 当期、锁定期、解锁退出前和退出后五个阶段的描述性统计分别如表 4-4、表 4-5、表 4-6、表 4-7、表 4-8 所示,包括全样本、风投支持公司和无风投支持公司在均值、中位数和标准误的对比。同时,表中给出了风投支持和无风投支持均值检验的 T 统计量和中位数检验的 U 统计量。

表 4-4　IPO 筹备期的样本描述性统计

| 变量 | 统计量 | 全样本 | 无风投支持 | 风投支持 | T/Mann-Whitney U |
|---|---|---|---|---|---|
| GROWTH | 均值 | 0.2172 | 0.2141 | 0.2244 | −0.3709 |
| | 中位数 | 0.1637 | 0.1549 | 0.2064 | 1.5344 |
| | 标准误 | 0.3040 | 0.3248 | 0.2503 | |
| PERFORMR | 均值 | 0.1258 | 0.1229 | 0.1325 | 1.0008 |
| | 中位数 | 0.1149 | 0.1147 | 0.1159 | 0.5071 |
| | 标准误 | 0.1065 | 0.1016 | 0.1171 | |
| ROA | 均值 | 0.1242 | 0.1218 | 0.1297 | −1.3064 |
| | 中位数 | 0.1140 | 0.1101 | 0.1234 | 1.8462 * |
| | 标准误 | 0.0666 | 0.0682 | 0.0624 | |
| SIZE | 均值 | 20.0666 | 20.1199 | 19.9444 | 2.0612 ** |
| | 中位数 | 19.9415 | 19.9598 | 19.8293 | 1.6094 |
| | 标准误 | 0.9429 | 0.9963 | 0.7962 | |
| LEVERAGE | 均值 | 0.4914 | 0.5014 | 0.4685 | 2.5479 ** |
| | 中位数 | 0.4972 | 0.5061 | 0.4795 | 2.3851 ** |
| | 标准误 | 0.1432 | 0.1426 | 0.1423 | |
| AUDITOR | 均值 | 0.2704 | 0.2761 | 0.2571 | 0.4710 |
| | 中位数 | 0.0000 | 0.0000 | 0.0000 | 0.3623 |
| | 标准误 | 0.4445 | 0.4476 | 0.4383 | |
| UNDERWRITER | 均值 | 0.4229 | 0.4154 | 0.4400 | −0.5485 |
| | 中位数 | 0.0000 | 0.0000 | 0.0000 | 0.4694 |
| | 标准误 | 0.4944 | 0.4934 | 0.4978 | |

注：* 表示在 10% 水平下显著，** 表示在 5% 水平下显著，*** 表示在 1% 水平下显著。

表 4-5　IPO 当期的样本描述性统计

| 变量 | 统计量 | 全样本 | 无风投支持 | 风投支持 | T/Mann-Whitney U |
|---|---|---|---|---|---|
| GROWTH | 均值 | 0.2759 | 0.2554 | 0.3254 | −2.6560*** |
| | 中位数 | 0.2329 | 0.2247 | 0.2746 | 2.4647** |
| | 标准误 | 0.3018 | 0.2784 | 0.3478 | |
| PERFORMR | 均值 | 0.0567 | 0.0554 | 0.0599 | −0.3432 |
| | 中位数 | 0.0529 | 0.0553 | 0.0470 | 0.6827 |
| | 标准误 | 0.1489 | 0.1315 | 0.1845 | |
| ROA | 均值 | 0.0625 | 0.0619 | 0.0638 | −0.7729 |
| | 中位数 | 0.0584 | 0.0584 | 0.0577 | 0.5873 |
| | 标准误 | 0.0273 | 0.0275 | 0.0271 | |
| SIZE | 均值 | 20.8250 | 20.8195 | 20.8383 | −0.2589 |
| | 中位数 | 20.6918 | 20.6880 | 20.7101 | 1.0354 |
| | 标准误 | 0.8282 | 0.8661 | 0.7310 | |
| LEVERAGE | 均值 | 0.2736 | 0.2858 | 0.2440 | 2.9407*** |
| | 中位数 | 0.2543 | 0.2833 | 0.2056 | 2.8656*** |
| | 标准误 | 0.1630 | 0.1661 | 0.1519 | |
| AUDITOR | 均值 | 0.2663 | 0.2799 | 0.2337 | 1.1915 |
| | 中位数 | 0.0000 | 0.0000 | 0.0000 | 0.9117 |
| | 标准误 | 0.4424 | 0.4495 | 0.4243 | |
| UNDERWRITER | 均值 | 0.4370 | 0.4244 | 0.4674 | −0.9879 |
| | 中位数 | 0.0000 | 0.0000 | 0.0000 | 0.8485 |
| | 标准误 | 0.4964 | 0.4948 | 0.5003 | |

注：* 表示在 10% 水平下显著，** 表示在 5% 水平下显著，*** 表示在 1% 水平下显著。

表 4-6　锁定期的样本描述性统计

| 变量 | 统计量 | 全样本 | 无风投支持 | 风投支持 | T/Mann-Whitney U |
|---|---|---|---|---|---|
| GROWTH | 均值 | 0.2482 | 0.2434 | 0.2723 | 0.4355 |
| | 中位数 | 0.2155 | 0.2142 | 0.2275 | 0.2922 |
| | 标准误 | 0.3179 | 0.3065 | 0.3711 | |
| PERFORMR | 均值 | 0.0682 | 0.0691 | 0.0635 | 0.3038 |
| | 中位数 | 0.0613 | 0.0622 | 0.0473 | 1.1606 |
| | 标准误 | 0.1567 | 0.1360 | 0.2354 | |
| ROA | 均值 | 0.0524 | 0.0553 | 0.0383 | 2.4795** |
| | 中位数 | 0.0537 | 0.0575 | 0.0442 | 3.1096*** |
| | 标准误 | 0.0592 | 0.0511 | 0.0882 | |
| SIZE | 均值 | 20.9501 | 20.9492 | 20.9546 | −0.0535 |
| | 中位数 | 20.8194 | 20.8322 | 20.7821 | 0.3631 |
| | 标准误 | 0.8622 | 0.8795 | 0.7748 | |
| LEVERAGE | 均值 | 0.3357 | 0.3259 | 0.3846 | −2.694*** |
| | 中位数 | 0.3246 | 0.3233 | 0.3494 | 1.9678** |
| | 标准误 | 0.1887 | 0.1818 | 0.2145 | |
| AUDITOR | 均值 | 0.2664 | 0.2770 | 0.2135 | 1.2371 |
| | 中位数 | 0.0000 | 0.0000 | 0.0000 | 0.9464 |
| | 标准误 | 0.4425 | 0.4480 | 0.4121 | |
| UNDERWRITER | 均值 | 0.4315 | 0.4257 | 0.4607 | −0.6075 |
| | 中位数 | 0.0000 | 0.0000 | 0.0000 | 0.5211 |
| | 标准误 | 0.4958 | 0.4950 | 0.5013 | |

注：* 表示在 10% 水平下显著，** 表示在 5% 水平下显著，*** 表示在 1% 水平下显著。

表 4-7　解锁退出前的样本描述性统计

| 变量 | 统计量 | 全样本 | 无风投支持 | 风投支持 | T/Mann-Whitney U |
|---|---|---|---|---|---|
| GROWTH | 均值 | 0.2255 | 0.2250 | 0.2275 | −0.0844 |
| | 中位数 | 0.1532 | 0.1471 | 0.1754 | 2.1324 ** |
| | 标准误 | 0.6137 | 0.6515 | 0.4264 | |
| PERFORMR | 均值 | 0.0624 | 0.0644 | 0.0541 | 0.8535 |
| | 中位数 | 0.0607 | 0.0632 | 0.0527 | 2.5871 *** |
| | 标准误 | 0.2486 | 0.2694 | 0.1329 | |
| ROA | 均值 | 0.0411 | 0.0395 | 0.0478 | −1.5683 |
| | 中位数 | 0.0417 | 0.0399 | 0.0453 | 2.6828 *** |
| | 标准误 | 0.1093 | 0.1194 | 0.0502 | |
| SIZE | 均值 | 21.3915 | 21.4454 | 21.1719 | 5.5546 *** |
| | 中位数 | 21.2386 | 21.2752 | 21.0968 | 5.1702 *** |
| | 标准误 | 1.0203 | 1.0535 | 0.8381 | |
| LEVERAGE | 均值 | 0.4155 | 0.4329 | 0.3444 | 7.6938 *** |
| | 中位数 | 0.4108 | 0.4358 | 0.3437 | 8.2898 *** |
| | 标准误 | 0.2397 | 0.2497 | 0.1768 | |
| AUDITOR | 均值 | 0.2410 | 0.2449 | 0.2250 | 0.9610 |
| | 中位数 | 0.0000 | 0.0000 | 0.0000 | 0.7118 |
| | 标准误 | 0.4278 | 0.4301 | 0.4179 | |

注：* 表示在 10% 水平下显著，** 表示在 5% 水平下显著，*** 表示在 1% 水平下显著。

表 4-8　退出后的样本描述性统计

| 变量 | 统计量 | 全样本 | 无风投支持 | 风投支持 | T/Mann-Whitney U |
|---|---|---|---|---|---|
| GROWTH | 均值 | 0.2225 | 0.2250 | 0.1959 | 0.6263 |
| | 中位数 | 0.1496 | 0.1471 | 0.1662 | 0.7010 |
| | 标准误 | 0.6287 | 0.6515 | 0.2856 | |
| PERFORMR | 均值 | 0.0635 | 0.0644 | 0.0533 | 0.5791 |
| | 中位数 | 0.0630 | 0.0632 | 0.0606 | 1.3601 |
| | 标准误 | 0.2607 | 0.2694 | 0.1362 | |

续表

| 变量 | 统计量 | 全样本 | 无风投支持 | 风投支持 | T/Mann-Whitney U |
|---|---|---|---|---|---|
| ROA | 均值 | 0.0403 | 0.0395 | 0.0494 | −1.1716 |
| | 中位数 | 0.0410 | 0.0399 | 0.0446 | 1.4510 |
| | 标准误 | 0.1151 | 0.1194 | 0.0500 | |
| SIZE | 均值 | 21.4472 | 21.4454 | 21.4665 | −0.2775 |
| | 中位数 | 21.2919 | 21.2752 | 21.4408 | 1.5522 |
| | 标准误 | 1.0330 | 1.0535 | 0.7819 | |
| LEVERAGE | 均值 | 0.4291 | 0.4329 | 0.3883 | 2.4686 ** |
| | 中位数 | 0.4287 | 0.4358 | 0.3701 | 2.6153 *** |
| | 标准误 | 0.2452 | 0.2497 | 0.1867 | |
| AUDITOR | 均值 | 0.2325 | 0.2449 | 0.0995 | 4.6868 *** |
| | 中位数 | 0.0000 | 0.0000 | 0.0000 | 3.4139 *** |
| | 标准误 | 0.4225 | 0.4301 | 0.3001 | |

注：* 表示在 10% 水平下显著，** 表示在 5% 水平下显著，*** 表示在 1% 水平下显著。

从样本的简单描述性统计可以看出，在 IPO 筹备期，全部样本的主营业务收入增长率（GROWTH）均值为 0.2172，风投支持公司的主营业务收入增长率均值为 0.2244，无风投支持公司的主营业务收入增长率均值为 0.2141。全部样本的销售现金比率（PERFORMR）均值为 0.1258，风投支持公司的业绩表现（0.1325）略高于无风投支持公司（0.1229）。全部样本的资产回报率（ROA）的均值为 0.1242，风投支持公司的盈利能力（0.1297）略高于无风投支持公司（0.1218）。这说明在投资之前，风投机构体现出筛选作用，倾向于选择具有良好发展前景的企业进行投资。在 IPO 之前，成长性越高、盈利能力越强的公司，越能吸引投资者以达到上市的目的。资产负债率（LEVERAGE）的均值为 0.4914，其中风投支持公司的资产负债率均值为 0.4685，显著小于无风投支持公司（0.5014），这表明，风投机构在投资前倾向于选择债务压力小或者低财务风险的公司进行投资,这也体现了风投机构的筛选功能。

(三)盈余管理程度的计量结果

盈余管理程度计量的样本对象为 2002—2013 年制造业的上市公司。删除数据缺省的公司,具体使用的样本公司数量分年度列示如表 4-9 所示。

表 4-9　制造业上市公司分年度样本量(2002—2013 年)

| 年度 | 2002 | 2003 | 2004 | 2005 | 2006 | 2007 | 2008 | 2009 | 2010 | 2011 | 2012 | 2013 |
|------|------|------|------|------|------|------|------|------|------|------|------|------|
| 样本数 | 623 | 685 | 697 | 759 | 773 | 827 | 958 | 1209 | 1375 | 1464 | 1500 | 1484 |

根据 2002—2013 年制造业上市公司的数据,逐年对修正琼斯模型(4-2)进行回归,回归系数的结果如表 4-10 所示。

表 4-10　修正的琼斯模型的回归系数及 $T$ 值

|  | 1/TA | $(\Delta REV - \Delta REC)/TA$ | PPE/TA |
|---|---|---|---|
| 2002 年 | 6135012 | −0.0222 | −0.0706 |
| $T$ 值 | 2.1248 ** | −1.5393 | −8.0916 *** |
| 2003 年 | 3327388 | 0.0174 | −0.0550 |
| $T$ 值 | 1.1474 | 0.9071 | −5.5317 *** |
| 2004 年 | 8848364 | −0.0300 | −0.0532 |
| $T$ 值 | 3.2355 *** | −2.6054 *** | −7.0098 *** |
| 2005 年 | 2702047 | 0.0127 | −0.0777 |
| $T$ 值 | 1.1021 | 1.1988 | −12.0313 *** |
| 2006 年 | −18549018 | −0.0726 | −0.0229 |
| $T$ 值 | −5.9393 *** | −5.3257 *** | −2.4464 ** |
| 2007 年 | 27521173 | 0.0769 | −0.0491 |
| $T$ 值 | 8.6094 *** | 7.1735 *** | −5.9607 *** |

续表

| | 1/TA | $(\Delta REV - \Delta REC)/TA$ | PPE/TA |
|---|---|---|---|
| 2008 年 | 14798000 | 0.0458 | −0.0868 |
| $T$ 值 | 8.3174*** | 3.2420*** | −12.0124*** |
| 2009 年 | 4653002 | 0.0362 | −0.0585 |
| $T$ 值 | 3.0993*** | 4.0453*** | −8.9506*** |
| 2010 年 | 18789180 | 0.0072 | −0.0444 |
| $T$ 值 | 10.4613*** | 1.3201 | −5.6419*** |
| 2011 年 | 16418299 | −0.0116 | 0.0059 |
| $T$ 值 | 7.2777*** | −3.6968*** | 0.7286 |
| 2012 年 | 19446987 | 0.0217 | −0.0489 |
| $T$ 值 | 9.3485*** | 5.5161*** | −10.0613*** |
| 2013 年 | 75605663 | −0.0065 | −0.0482 |
| $T$ 值 | 11.8869*** | −0.6756 | −4.4099*** |

注：* 表示在 10% 水平下显著，** 表示在 5% 水平下显著，*** 表示在 1% 水平下显著。

根据回归系数，通过方程（4-4）计算每个公司在每个年度的残差，即为各公司在该年度的应计盈余管理程度。各个公司应计盈余管理的描述性统计在下一小节列示并分析。

根据 2002—2013 年制造业上市公司的数据，逐年对真实盈余管理三方面操控（销售操控、生产操控和酌量性费用操控）的计量模型（4-5）、模型（4-8）、模型（4-10）进行回归。真实盈余管理计量三个方面操控的逐年回归结果如表 4-11 所示。在这些回归参数估计的基础上，根据模型（4-11）、模型（4-12）、模型（4-13）计算每个公司该年度的异常现金流、异常生产成本和异常酌量性费用。在根据模型（4-14）、模型（4-15）、模型（4-16）计算每个公司在该年度的真实盈余管理（REM1、REM2、REM3）。同样的，各个公司真实盈余管理的描述性统计在下一小节列示并分析。

表 4-11　真实盈余管理模型的回归系数及 *T* 值

| | CFO$_{i,t}$/TA$_{i,t-1}$ | | | PROD$_{i,t}$/TA$_{i,t-1}$ | | | | DISEXP$_{i,t}$/TA$_{i,t-1}$ | |
| --- | --- | --- | --- | --- | --- | --- | --- | --- | --- |
| | 1/TA$_{i,t-1}$ | Sales$_{i,t}$/TA$_{i,t-1}$ | ΔSales$_{i,t}$/TA$_{i,t-1}$ | 1/TA$_{i,t-1}$ | Sales$_{i,t}$/TA$_{i,t-1}$ | ΔSales$_{i,t}$/TA$_{i,t-1}$ | ΔSales$_{i,t-1}$/TA$_{i,t-1}$ | 1/TA$_{i,t-1}$ | Sales$_{i,t-1}$/TA$_{i,t-1}$ |
| 2002 年 | 3744768 | 0.0937 | −0.0126 | −22310495 | 0.8431 | 0.0679 | −0.0643 | 17492853 | 0.1191 |
| T 值 | 1.4126 | 12.7995*** | −0.7669 | −7.0134*** | 87.1193*** | 3.4349*** | −2.0832** | 6.9351*** | 17.6166*** |
| 2003 年 | 9799111 | 0.0669 | −0.0172 | −26766542 | 0.8264 | 0.1551 | −0.0040 | 20453183 | 0.1253 |
| T 值 | 3.2937*** | 6.6635*** | −0.6311 | −8.3934*** | 69.9339*** | 5.3599*** | −0.1538 | 9.9629*** | 21.7205*** |
| 2004 年 | 5931637 | 0.0439 | 0.0681 | −28475268 | 0.8619 | 0.1136 | −0.0124 | 23333109 | 0.1180 |
| T 值 | 2.1817** | 6.4980*** | 4.3344*** | −8.2304*** | 76.0784*** | 5.6141*** | −0.3964 | 10.2349*** | 23.4975*** |
| 2005 年 | 7337671 | 0.0609 | 0.0038 | −28765289 | 0.8607 | 0.0742 | 0.0641 | 25725171 | 0.0962 |
| T 值 | 3.3178*** | 13.3516*** | 0.3268 | −9.5748*** | 100.0475*** | 4.5648*** | 2.5991*** | 12.0523*** | 22.7589*** |
| 2006 年 | 51250201 | −0.0157 | 0.2447 | −35135229 | 0.8709 | 0.1212 | −0.0238 | 24762466 | 0.0959 |
| T 值 | 11.9903*** | −1.5738 | 10.5249*** | −11.2689*** | 103.9459*** | 7.1042*** | −1.0379 | 14.3527*** | 24.9379*** |
| 2007 年 | 7639224 | 0.0338 | −0.0247 | −29344323 | 0.8492 | 0.2401 | 0.0415 | 20917463 | 0.0896 |
| T 值 | 2.5572** | 6.9278*** | −2.1472** | −7.2977*** | 87.3396*** | 14.5348*** | 1.4818 | 9.8945*** | 24.3599*** |
| 2008 年 | 4006228 | 0.0516 | 0.0383 | −31101337 | 0.8751 | 0.0307 | −0.0634 | 17760546 | 0.0972 |
| T 值 | 2.4522** | 12.9515*** | 2.8527*** | −11.3326*** | 100.8913*** | 1.3614 | −2.0560** | 10.6254*** | 25.0511*** |

续表

| | CFO$_{i,t}$/TA$_{i,t-1}$ | | | PROD$_{i,t}$/TA$_{i,t-1}$ | | | DISEXP$_{i,t}$/TA$_{i,t-1}$ | |
| --- | --- | --- | --- | --- | --- | --- | --- | --- |
| | 1/TA$_{i,t-1}$ | Sales$_{i,t}$/TA$_{i,t-1}$ | ΔSales$_{i,t}$/TA$_{i,t-1}$ | 1/TA$_{i,t-1}$ | Sales$_{i,t}$/TA$_{i,t-1}$ | ΔSales$_{i,t-1}$/TA$_{i,t-1}$ | 1/TA$_{i,t-1}$ | Sales$_{i,t-1}$/TA$_{i,t-1}$ |
| 2009 年 | 21736257 | 0.0603 | −0.0041 | −4148708 | 0.8678 | −0.0939 | 19658634 | 0.0928 |
| T 值 | 13.3725*** | 15.4066*** | −0.4652 | −16.7103*** | 131.5672*** | −4.1361*** | 13.4843*** | 25.9953*** |
| 2010 年 | 16535326 | 0.0319 | 0.0141 | −36930982 | 0.8473 | −0.1844 | 2263728 | 0.1195 |
| T 值 | 8.1147*** | 5.9321*** | 1.8928** | −15.3294*** | 133.6801*** | −9.5426*** | 12.0944*** | 24.7862*** |
| 2011 年 | 11257144 | 0.0073 | 0.0817 | −3874285 | 0.8515 | −0.0366 | 24553254 | 0.1045 |
| T 值 | 6.2621*** | 2.0537** | 21.6978*** | −14.9853*** | 99.3889*** | −1.3636 | 14.7697*** | 31.7288*** |
| 2012 年 | 17951734 | 0.0385 | 0.0036 | −46120208 | 0.8488 | 0.0323 | 62437537 | 0.0781 |
| T 值 | 8.5367*** | 10.9345*** | 1.0103 | −13.1503*** | 107.2670*** | 1.1406 | 13.2997*** | 9.7333*** |
| 2013 年 | −2758462 | 0.0581 | −0.0422 | −53699573 | 0.8726 | 0.3112 | 3074462 | 0.1031 |
| T 值 | −11.3841*** | 20.2446*** | −9.4743*** | −11.0574*** | 122.5462*** | 23.6389*** | 14.0677*** | 33.5557*** |

注：* 表示在 10% 水平下显著，** 表示在 5% 水平下显著，*** 表示在 1% 水平下显著。

## 二、盈余管理程度动态变化的结果分析

图 4-1 至图 4-4 描述了 IPO 各阶段应计盈余管理（AEM）与真实盈余管理（REM1、REM2、REM3）的均值的走势图。可以看出，全样本公司、风投支持公司、无风投支持公司在 IPO 各个阶段的盈余管理呈现明显的动态变化。在 IPO 当期，盈余管理程度明显比其他阶段高。注意到，风投支持公司的动态变化程度明显异于非风投支持的公司。这为假设 H4-1、假设 H4-2、假设 H4-3 提供了直观的证据。应计盈余管理（AEM）与真实盈余管理（REM1、REM2、REM3）的均值如表 4-17 所示。

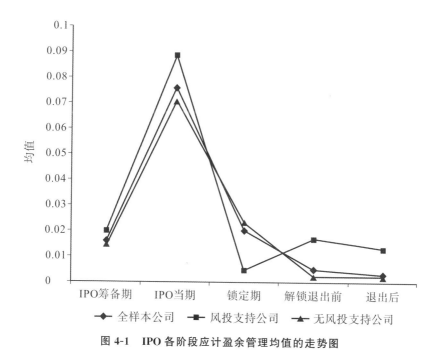

图 4-1　IPO 各阶段应计盈余管理均值的走势图

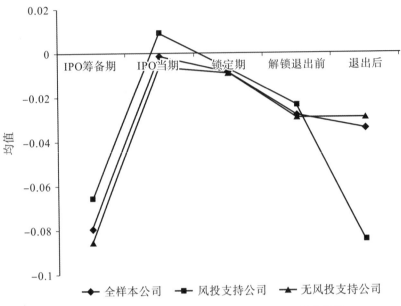

**图 4-2  IPO 各阶段真实盈余管理（REM1）均值的走势图**

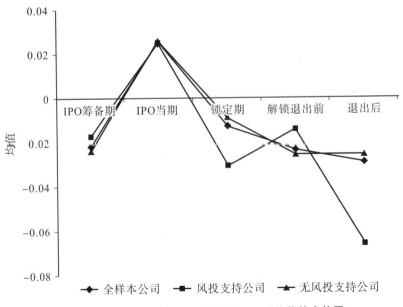

**图 4-3  IPO 各阶段真实盈余管理（REM2）均值的走势图**

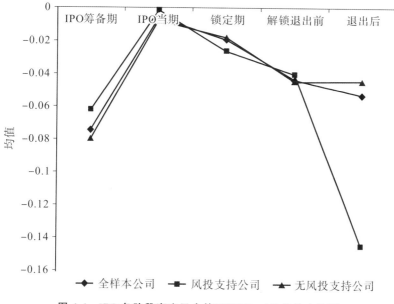

图 4-4　**IPO 各阶段真实盈余管理(REM3)均值的走势图**

（一）全样本公司盈余管理程度的动态变化

为了验证原假设 H4-1，以全部 IPO 公司作为样本，根据模型 (4-17)的模型设计，以 AEM、REM1、REM2、REM3 分别作为被解释变量，以 IPO 筹备期作为基期对进行面板回归分析，实证结果如表 4-12 所示。

表 4-12　**全样本公司以 IPO 筹备期作为对比基期的面板回归分析结果**

| | AEM | $P$ 值 | REM1 | $P$ 值 | REM2 | $P$ 值 | REM3 | $P$ 值 |
|---|---|---|---|---|---|---|---|---|
| $C$ | −0.3383 | 0.0080 | 1.0622 | 0.0006 | 0.5552 | 0.0262 | 1.1390 | 0.0111 |
| IPO | 0.0650[***] | 0.0041 | 0.0826[**] | 0.0439 | 0.0348 | 0.3283 | 0.0860 | 0.1042 |
| LOCKUP | −0.0027 | 0.8992 | 0.0492 | 0.2117 | −0.0165 | 0.6336 | 0.0435 | 0.3999 |
| PRESALE | 0.0041 | 0.8309 | 0.0403 | 0.3105 | −0.0009 | 0.9793 | 0.0351 | 0.5137 |
| POSTSALE | −0.0048 | 0.8038 | 0.0251 | 0.5341 | −0.0096 | 0.7831 | 0.0151 | 0.7859 |

续表

| | AEM | $P$ 值 | REM1 | $P$ 值 | REM2 | $P$ 值 | REM3 | $P$ 值 |
|---|---|---|---|---|---|---|---|---|
| GROWTH | −0.0050 | 0.7643 | −0.0282 | 0.2539 | −0.0337 | 0.1383 | −0.0672 * | 0.0660 |
| PERFORMR | −0.7101 *** | 0.0000 | −0.8168 *** | 0.0000 | −0.7687 *** | 0.0000 | −0.8303 *** | 0.0000 |
| ROA | 0.9688 *** | 0.0000 | −0.6610 *** | 0.0017 | 0.0745 | 0.7382 | −0.5028 * | 0.0915 |
| SIZE | 0.0173 ** | 0.0111 | −0.0512 *** | 0.0019 | −0.0246 * | 0.0700 | −0.0550 ** | 0.0221 |
| LEVERAGE | −0.0375 | 0.4051 | 0.1561 ** | 0.0271 | 0.0202 | 0.7614 | 0.1529 * | 0.0946 |
| AUDITOR | 0.0031 | 0.8080 | −0.0093 | 0.7493 | −0.0188 | 0.5469 | −0.0349 | 0.5248 |
| UNDERWRITER | −0.0056 | 0.5613 | 0.0090 | 0.6702 | 0.0155 | 0.4217 | 0.0185 | 0.5933 |
| Hausman Test | | 0.6892 | | 0.7635 | | 0.7458 | | 0.7731 |

注：* 表示在 10% 水平下显著，** 表示在 5% 水平下显著，*** 表示在 1% 水平下显著。

从实证结果可以看出，AEM、REM1、REM2、REM3 分别作为被解释变量的四个面板回归模型中，IPO 哑变量的回归系数分别为 0.0650、0.0826、0.0348 和 0.0860，其中应计盈余管理方程（AEM）的回归系数和真实盈余管理（REM1）的回归系数在 1% 和 5% 的显著水平下显著，说明 IPO 当期盈余管理程度比 IPO 筹备期更高。

四个方程中，LOCKUP 哑变量的回归系数分别为 −0.0027、0.0492、−0.0165 和 0.0435，但统计上不显著。仅从系数数值的直观对比，以 IPO 筹备期作为基期对比，锁定期的 AEM 和 REM2 降低了，而 REM1 与 REM3 提高了，但增加的幅度低于 IPO 筹备期到 IPO 当期 REM1 与 REM3 的增加幅度，因此 IPO 当期的盈余管理程度比锁定期高。

四个方程中，PRESALE 哑变量的回归系数分别为 0.0041、0.0403、−0.0009、0.0351，但统计上不显著。也仅从系数数值的简单对比，以 IPO 筹备期作为基期对比，解锁退出前的 REM2 降低了，而 AEM、REM1 和 REM3 提高了，但盈余管理增加的幅度低于 IPO 筹备期到 IPO 当期增加的幅度,因此 IPO 当期的盈余管理程度比解锁退出前期高。

POSTSALE 哑变量在四个方程中的回归系数分别为 $-0.0048$、$0.0251$、$-0.0096$、$0.0151$,但统计上不显著。也仅从系数数值的简单对比,以 IPO 筹备期作为基期对比,退出后的 AEM 和 REM2 下降了,REM1 和 REM3 提高了,但增加的幅度低于 IPO 筹备期到 IPO 当期 REM1 与 REM3 增加的幅度。因此 IPO 发行期的盈余管理程度比退出后高。

综合上述分析,对于假设 H4-1,IPO 当期的盈余管理程度比 IPO 筹备期高的统计证据是显著的。IPO 当期的盈余管理程度比 IPO 后各阶段高的统计证据则不显著,但在表 4-13 和 4-14 中可以得到显著的证据。

(二)风投支持公司盈余管理程度的动态变化

为了验证 H4-2 假设,作为对比研究,分别以风投支持公司和无风投支持公司作为研究样本。根据模型(4-18)的模型设计,分别以 AEM、REM1、REM2、REM3 分别作为被解释变量,以 IPO 当期作为基期对比进行面板回归,结果如表 4-13 和表 4-14 所示。

需要指出的是,表 4-13 和表 4-14 的结果显示,不管是风投支持还是无风投支持公司,以 IPO 为对比基期,四个面板回归方程中,PREIPO、LOCKUP、PRESALE 和 POSTSALE 哑变量的系数均为负数,绝大部分在 1%、5% 和 10% 的显著水平下是显著的,意味着 IPO 当期的盈余管理程度比其他阶段高。这也是假设 H4-1 的实证证据,因此假设 H4-1 成立。

表 4-13　风投支持公司以 IPO 当期作为对比基期的面板回归分析结果

| | AEM | $P$ 值 | REM1 | $P$ 值 | REM2 | $P$ 值 | REM3 | $P$ 值 |
|---|---|---|---|---|---|---|---|---|
| $C$ | −0.3382 | 0.0000 | 0.5340 | 0.0084 | 0.2062 | 0.2157 | 0.4466 | 0.1225 |
| PREIPO | −0.0885 *** | 0.0000 | −0.1069 *** | 0.0000 | −0.0727 *** | 0.0000 | −0.1009 *** | 0.0005 |
| LOCKUP | −0.0463 *** | 0.0000 | −0.0079 | 0.4905 | −0.0327 *** | 0.0001 | −0.0157 | 0.2136 |
| PRESALE | −0.0520 *** | 0.0000 | −0.0217 * | 0.0800 | −0.0346 *** | 0.0002 | −0.0302 ** | 0.0313 |
| POSTSALE | −0.0755 *** | 0.0000 | −0.0589 *** | 0.0000 | −0.0613 *** | 0.0000 | −0.0763 *** | 0.0000 |
| GROWTH | 0.0271 *** | 0.0038 | 0.0246 | 0.2760 | −0.0043 | 0.7648 | −0.0178 | 0.4501 |
| PERFORMR | −0.2087 * | 0.0500 | −0.1954 | 0.1925 | −0.2003 * | 0.0616 | −0.2058 | 0.1401 |
| ROA | 0.8335 *** | 0.0000 | −0.4075 ** | 0.0193 | 0.1902 | 0.1093 | −0.2524 | 0.1924 |
| SIZE | 0.0176 *** | 0.0000 | −0.0262 *** | 0.0065 | −0.0090 | 0.2623 | −0.0212 | 0.1316 |
| LEVERAGE | 0.0227 | 0.2796 | 0.1964 *** | 0.0000 | 0.0844 ** | 0.0119 | 0.1801 *** | 0.0008 |
| AUDITOR | −0.0079 * | 0.0979 | −0.0094 | 0.5369 | −0.0119 | 0.3733 | −0.0210 | 0.3916 |
| UNDERWRITER | −0.0029 | 0.5116 | −0.0216 * | 0.0946 | −0.0230 ** | 0.0263 | −0.0416 ** | 0.0353 |
| Hausman Test | | 0.6342 | | 0.7835 | | 0.7572 | | 0.7891 |

注：* 表示在 10% 水平下显著，** 表示在 5% 水平下显著，*** 表示在 1% 水平下显著。

表 4-14　无风投支持公司以 IPO 当期为对比基期的面板回归分析结果

| | AEM | $P$ 值 | REM1 | $P$ 值 | REM2 | $P$ 值 | REM3 | $P$ 值 |
|---|---|---|---|---|---|---|---|---|
| $C$ | −0.2733 | 0.0397 | 1.1448 | 0.0004 | 0.5900 | 0.0260 | 1.2250 | 0.0102 |
| PREIPO | −0.0650 *** | 0.0041 | −0.0826 ** | 0.0439 | −0.0348 | 0.3283 | −0.0860 | 0.1042 |
| LOCKUP | −0.0678 *** | 0.0000 | −0.0334 | 0.1165 | −0.0513 *** | 0.0012 | −0.0425 * | 0.0862 |
| PRESALE | −0.0610 *** | 0.0006 | −0.0423 * | 0.0631 | −0.0357 * | 0.0787 | −0.0508 * | 0.0706 |
| POSTSALE | −0.0699 *** | 0.0002 | −0.0575 ** | 0.0178 | −0.0444 ** | 0.0390 | −0.0709 ** | 0.0177 |
| GROWTH | −0.0050 | 0.7643 | −0.0282 | 0.2539 | −0.0337 | 0.1383 | −0.0672 * | 0.0660 |
| PERFORMR | −0.7101 *** | 0.0000 | −0.8168 *** | 0.0000 | −0.7687 *** | 0.0000 | −0.8303 *** | 0.0000 |
| ROA | 0.9688 *** | 0.0000 | −0.6610 *** | 0.0017 | 0.0745 | 0.7382 | −0.5028 * | 0.0915 |
| SIZE | 0.0173 ** | 0.0111 | −0.0512 *** | 0.0019 | −0.0246 * | 0.0700 | −0.0550 ** | 0.0221 |
| LEVERAGE | −0.0375 | 0.4051 | 0.1561 ** | 0.0271 | 0.0202 | 0.7614 | 0.1529 * | 0.0946 |
| AUDITOR | 0.0031 | 0.8080 | −0.0093 | 0.7493 | −0.0188 | 0.5469 | −0.0349 | 0.5248 |
| UNDERWRITER | −0.0056 | 0.5613 | 0.0090 | 0.6702 | 0.0155 | 0.4217 | 0.0185 | 0.5933 |
| Hausman Test | | 0.7011 | | 0.7907 | | 0.7458 | | 0.8003 |

注：* 表示在 10% 水平下显著，** 表示在 5% 水平下显著，*** 表示在 1% 水平下显著。

由表 4-13 和表 4-14 的回归结果,对于风投支持公司,四个面板回归方程的 PREIPO 哑变量回归系数分别为 $-0.0885$、$-0.1069$、$-0.0727$ 和 $-0.1009$,均在 1% 的显著水平上显著。对于无风投支持公司,PREIPO 的回归系数分别为 $-0.0650$、$-0.0826$、$-0.0348$ 和 $-0.0860$,应计盈余管理(AEM)和真实盈余管理(REM1)的 PREIPO 系数分别在 1% 和 5% 的显著水平上显著。对比回归系数绝对值大小可以看出,风投支持公司 IPO 发行期盈余管理与 IPO 筹备期盈余管理的差距比非风投支持公司对应的差距大。

对于锁定期,风投支持公司的四个回归方程中,LOCKUP 哑变量的回归系数分别为 $-0.0463$、$-0.0079$、$-0.0327$、$-0.0157$,应计盈余管理(AEM)和真实盈余管理(REM2)的 LOCKUP 哑变量都在 1% 的水平下显著。无风投支持公司四个回归方程的 LOCKUP 哑变量的回归系数分别为 $-0.0678$、$-0.0334$、$-0.0513$、$-0.0425$,除了(REM1)回归方程,其他回归方程的 LOCKUP 哑变量都在 1% 或者 10% 的显著水平显著。对比回归系数绝对值大小可以看出,风投支持公司 IPO 发行期盈余管理与锁定期盈余管理的差距比非风投支持公司对应的差距小。

在解锁退出前,风投支持公司四个回归方程 PRESALE 哑变量的回归系数为 $-0.0755$、$-0.0589$、$-0.0613$、$-0.0763$,这些系数都在 1% 的显著水平下显著。对比无风投支持公司四个方程 PRESALE 哑变量的回归系数 $-0.0610$、$-0.0423$、$-0.0357$、$-0.0508$,这些系数在 1% 或者 10% 的显著水平下显著。风投支持公司 IPO 发行期盈余管理与解锁退出前盈余管理的差距再次比非风投支持公司对应的差距高。

在退出后,对于风投支持公司,四个回归方程中 POSTSALE 哑变量的回归系数分别为 $-0.0755$、$-0.0589$、$-0.0613$ 和 $-0.0763$,这些系数都在 1% 的显著水平下显著。对于无风投支持公司,四个方程中

POSTSALE 哑变量的回归系数分别为 $-0.0699$、$-0.0575$、$-0.0444$ 和 $-0.0709$，这些系数都在 $1\%$ 或 $5\%$ 的显著水平下显著。风投支持公司 IPO 发行期盈余管理与退出后盈余管理的差距比无风投支持公司对应的差距大。也即，盈余管理程度反转程度更厉害。

综合来看，风投支持公司 IPO 发行期的盈余管理程度与其他阶段的差距，与无风投支持公司对应的差距明显不同，假设 H4-2 成立。从程度上来看，风投支持公司的盈余管理程度，在各个阶段表现出更强烈的动态性。

接下来验证 H4-3 的假设。以风投支持公司为研究样本，根据模型 (4-19) 的模型设计，以 AEM、REM1、REM2、REM3 分别作为被解释变量，以解锁退出前（PRESALE）作为对比基期做面板回归分析，结果如表 4-15 所示。

表 4-15　风投支持公司以解锁退出前作为对比基期的面板回归分析结果

| | AEM | P 值 | REM1 | P 值 | REM2 | P 值 | REM3 | P 值 |
|---|---|---|---|---|---|---|---|---|
| C | $-0.3902$ | 0.0000 | 0.5123 | 0.0126 | 0.1717 | 0.3079 | 0.4164 | 0.1549 |
| PREIPO | $-0.0366^{***}$ | 0.0039 | $-0.0852^{***}$ | 0.0001 | $-0.0381^{**}$ | 0.0188 | $-0.0706^{**}$ | 0.0125 |
| IPO | $0.0520^{***}$ | 0.0000 | $0.0217^{*}$ | 0.0800 | $0.0346^{***}$ | 0.0002 | $0.0302^{**}$ | 0.0313 |
| LOCKUP | 0.0057 | 0.1875 | $0.0139^{*}$ | 0.0778 | 0.0019 | 0.7259 | $0.0145^{*}$ | 0.0913 |
| POSTSALE | $-0.0235^{***}$ | 0.0000 | $-0.0371^{***}$ | 0.0000 | $-0.0267^{***}$ | 0.0000 | $-0.0460^{***}$ | 0.0000 |
| GROWTH | 0.0271 | 0.0038 | 0.0246 | 0.2760 | $-0.0043$ | 0.7648 | $-0.0178$ | 0.4501 |
| PERFORMR | $-0.2087^{*}$ | 0.0500 | $-0.1954$ | 0.1925 | $-0.2003^{*}$ | 0.0616 | $-0.2058$ | 0.1401 |
| ROA | $0.8335^{***}$ | 0.0000 | $-0.4075^{**}$ | 0.0193 | 0.1902 | 0.1093 | $-0.2524$ | 0.1924 |
| SIZE | $0.0176^{***}$ | 0.0000 | $-0.0262^{***}$ | 0.0065 | $-0.0090$ | 0.2623 | $-0.0212$ | 0.1316 |
| LEVERAGE | 0.0227 | 0.2796 | $0.1964^{***}$ | 0.0000 | $0.0844^{**}$ | 0.0119 | $0.1801^{***}$ | 0.0008 |
| AUDITOR | $-0.0079^{*}$ | 0.0979 | $-0.0094$ | 0.5369 | $-0.0119$ | 0.3733 | $-0.0210$ | 0.3916 |
| UNDERWRITER | $-0.0029$ | 0.5116 | $-0.0216^{*}$ | 0.0946 | $-0.0230^{**}$ | 0.0263 | $-0.0416^{**}$ | 0.0353 |
| Hausman Test | | 0.6865 | | 0.7707 | | 0.7230 | | 0.7304 |

注：* 表示在 $10\%$ 水平下显著，** 表示在 $5\%$ 水平下显著，*** 表示在 $1\%$ 水平下显著。

由回归结果表 4-15 可以看出,POSTSALE 的回归系数分别为
−0.0235、−0.0371、−0.0267 和 −0.0460,系数均在 1% 的显著水平下
显著,并且均为负值,这说明,风投支持公司解锁后退出前的盈余管理
显著高于退出后的盈余管理,验证了假设 H4-3。这说明,风投支持公
司的盈余管理程度在退出后出现了显著的反转,这也间接反映了在解
锁退出前,风投存在为追求高退出收益而刺激盈余管理的潜在动机,更
进一步的分析在下一章展开。

## 三、盈余管理行为动态变化的结果分析

不管是应计盈余管理还是真实盈余管理,盈余管理程度的含义是,
在控制企业规模因素的前提下,企业的盈余偏离行业正常平均水平的
程度(回归方程的残差)。偏离程度越高,盈余管理的程度也越高。因
此,应计盈余管理和真实盈余管理程度的比较,则提供了分析企业倾向
于选择哪种盈余管理行为的研究思路。

分别以全部样本、风投支持公司、无风投支持公司为样本,做应计
盈余管理(AEM)和真实盈余管理(REM1、REM2、REM3)在五个阶段
的均值异于 0 的 T 检验,结果如表 4-16 所示。

在 IPO 筹备期,对于风投支持公司,应计盈余管理(AEM)和真实
盈余管理(REM1、REM3)都在 5% 或者 1% 的显著水平下显著,证实了
风投支持公司在这个阶段同时存在应计盈余管理和真实盈余管理。从
程度上来看,应计盈余管理程度(均值绝对值)为 1.97%,而 REM1 程度
(均值绝对值)为 6.55%,REM3 程度(均值绝对值)为 6.22%,真实盈余
管理的程度均明显高于应计盈余管理的程度。因此,在该阶段,风投支
持公司的应计盈余管理和真实盈余管理行为并存,更倾向于选择操纵

表 4-16 应计盈余管理(AEM)和真实盈余管理(REM1,REM2,REM3)均值异于零的 T 检验

| 变量 | 类型 | PREIPO | | IPO | | LOCKUP | | PRESALE | | POSTSALE | |
|---|---|---|---|---|---|---|---|---|---|---|---|
| | | 均值/% | T 值 | 均值/% | T 值 | 均值/% | T 值 | 均值/% | T 值 | 均值/% | T 值 |
| AEM | 全样本 | 1.60 | 3.7852*** | 7.60 | 12.1938*** | 2.01 | 3.7863*** | 0.50 | 2.5962*** | 0.31 | 1.4652 |
| | NonVC | 1.43 | 3.0085*** | 7.07 | 11.6188*** | 2.32 | 6.1768*** | 0.22 | 0.9621 | 0.18 | 0.9581 |
| | VC | 1.97 | 2.2934** | 8.88 | 5.7762*** | 0.46 | 0.1783 | 1.68 | 4.5130*** | 1.31 | 2.2530** |
| REM1 | 全样本 | −7.95 | −7.2105*** | −0.14 | −0.1118 | −0.85 | −1.0725 | −2.80 | −6.5523*** | −3.39 | −7.0781*** |
| | NonVC | −8.55 | −6.6251*** | −0.57 | −0.4247 | −0.89 | −1.085 | −2.92 | −5.7939*** | −2.96 | −5.8929*** |
| | VC | −6.55 | −3.1179*** | 0.92 | 0.3487 | −0.69 | −0.2779 | −2.32 | −3.3030*** | −8.43 | −5.6822*** |
| REM2 | 全样本 | −2.18 | −2.6625*** | 2.58 | 2.7275*** | −1.25 | −1.6448 | −2.32 | −8.4265*** | −2.89 | −9.3515*** |
| | NonVC | −2.37 | −2.4714** | 2.61 | 2.6304*** | −0.89 | −1.529 | −2.55 | −7.9742*** | −2.59 | −7.9943*** |
| | VC | −1.72 | −1.1106 | 2.49 | 1.1531 | −3.05 | −0.8683 | −1.39 | −2.7515*** | −6.56 | −5.7148*** |
| REM3 | 全样本 | −7.44 | −4.8983*** | −0.59 | −0.3725 | −1.94 | −1.9039* | −4.38 | −8.1393*** | −5.31 | −8.6792*** |
| | NonVC | −7.96 | −4.3351*** | −0.77 | −0.4382 | −1.81 | −1.7139* | −4.46 | −7.0410*** | −4.48 | −7.143*** |
| | VC | −6.22 | −2.3081** | −0.14 | −0.0425 | −2.62 | −0.8375 | −4.04 | −4.5512*** | −14.46 | −6.5091*** |

注：* 表示在 10% 水平下显著，** 表示在 5% 水平下显著，*** 表示在 1% 水平下显著。

真实活动来进行盈余管理。对于无风投支持的公司,可以得到类似的结论。无风投支持公司的应计盈余管理(AEM)和真实盈余管理(REM1、REM2、REM3)都在1%的显著水平下显著,前者的程度低于后者。应计盈余管理程度为1.43%,真实盈余管理程度(均值绝对值)分别为8.55%、2.37%和7.96%。因此,对于无风投支持公司,在这个阶段也是应计盈余管理和真实盈余管理行为并存,但倾向于真实盈余管理行为。

在IPO当期,风投支持公司的应计盈余管理(AEM)在1%的显著水平下显著,程度为8.88%,而真实盈余管理(REM1、REM2、REM3)的均值与0之间的差异都不显著,意味着风投支持公司在IPO阶段的真实盈余管理行为证据不充分。因此,在IPO当期风投支持公司倾向于通过操纵应计项目来进行盈余管理。对于无风投支持公司,应计盈余管理(AEM)和真实盈余管理(REM2)在1%的显著水平下显著,前者程度为7.07%,后者程度(均值绝对值)为2.61%。因此,在IPO当期,无风投支持公司的应计盈余管理和真实盈余管理行为并存,但倾向于应计盈余管理行为。

在锁定期,风投支持公司的应计盈余管理(AEM)和真实盈余管理(REM1、REM2、REM3)的均值与0之间的差异都不显著,风投支持公司在锁定期应计盈余管理行为和真实盈余管理行为的证据不充分。对于无风投支持公司,应计盈余管理(AEM)和真实盈余管理(REM3)分别在1%和10%的显著水平下显著,前者的程度为2.32%,后者的程度(均值绝对值)为1.81%。因此,无风投支持公司在锁定期仍是应计盈余管理和真实盈余管理行为并存,但倾向于应计盈余管理行为。

在解锁退出前,风投支持公司的应计盈余管理(AEM)和真实盈余管理(REM1、REM2、RE3)都在1%的显著水平下显著,两种盈余管理行为再次并存。应计盈余管理程度(均值绝对值)为1.68%,REM1程

度(均值绝对值)为 2.32％,REM2 程度(均值绝对值)为 1.39％,REM3
程度(均值绝对值)为 4.04％,总的来看,真实盈余管理程度高于应计盈
余管理。因此,在解锁退出前阶段,风投支持公司的应计盈余管理与真
实盈余管理行为并存,更倾向于选择操纵真实活动来进行盈余管理。
对于无风投支持公司,应计盈余管理(AEM)不显著,真实盈余管理
(REM1、REM2、REM3)在 1％的显著水平下显著,因此,无风投支持公
司在解锁退出前倾向于真实盈余管理行为。

在退出后阶段,风投支持公司的应计盈余管理(AEM)和真实盈余
管理(REM1、REM2、REM3)均在 1％的显著水平下显著。应计盈余管
理(AEM)的均值为 1.31％,真实盈余管理 REM1 均值程度(均值绝对
值)为 8.43％,REM2 程度(均值绝对值)为 6.56％,REM3 程度(均值绝
对值)为 14.46％,真实盈余管理程度远大于应计盈余管理程度。需要
注意的是,相比于退出前的盈余管理,这阶段的盈余操控存在反转,应
计盈余管理和真实盈余管理均比前一阶段低,这是因为风投离场,对经
理盈余管理操纵的"影响"不再存在。因此,在退出之后,风投支持公司
同时存在着应计盈余管理和真实盈余管理的反转,但真实盈余管理的
反转更为明显,也验证了风投机构在退出前倾向于"影响"公司的真实
盈余管理操控。对于无风投支持公司,应计盈余管理(AEM)不显著,
真实盈余管理(REM1、REM2、REM3)在 1％的显著水平下显著。因
此,对于无风投支持公司,也是倾向于在真实盈余管理出现反转。

将各个阶段盈余管理行为倾向的结果汇总,如表 4-17、表 4-18 所
示,可以得到清晰的对比。综合来看,风投支持公司在 IPO 各阶段,存
在着应计盈余管理和真实盈余管理交替并存的现象,在并存的情况下,
更倾向于真实盈余管理活动。退出前的四个阶段,有两个阶段倾向于
真实盈余管理,退出后在真实盈余管理存在程度更大的反转。因此,假

设 H4-4 得到验证。

表 4-17　风投支持公司在 IPO 各阶段的盈余管理行为倾向

| 盈余管理行为 | PREIPO | IPO | LOCKUP | PRESALE | POSTSALE |
|---|---|---|---|---|---|
| 应计盈余 | 显著 | 显著 | — | 显著 | 显著 |
| 真实盈余 | 显著、倾向 | — | — | 显著、倾向 | 显著、倾向 |

表 4-18　无风投支持公司在 IPO 各阶段的盈余管理行为倾向

| 盈余管理行为 | PREIPO | IPO | LOCKUP | PRESALE | POSTSALE |
|---|---|---|---|---|---|
| 应计盈余 | 显著 | 显著、倾向 | 显著、倾向 | — | — |
| 真实盈余 | 显著、倾向 | 显著 | 显著 | 显著 | 显著 |

正如第三章的博弈模型所分析，公司经理对真实盈余管理监督的变化更敏感，尤其是风投机构的监督（"也可能是道德行为"）。在 IPO 各阶段，风投机构的监督水平存在差异，尤其是 IPO 筹备期、IPO 发行期和解锁退出前时期，顺利实现 IPO 的目的和实现退出收益的目的，将影响风投机构的监督水平（或者道德影响水平），因此，经理人的真实盈余管理也会随之发生变化。经理人在监督严厉时减弱真实盈余管理，甚至倾向选择外部稽核更为严格、更容易被识别的应计盈余管理；而在监督宽松时，则倾向于选择真实盈余管理，这个体现在 IPO 筹备期和解锁退出前的时期。

# 第四节　本章小结

本章研究风投支持公司的盈余管理程度和盈余管理行为权衡在

IPO各阶段的动态变化。采用非平衡面板回归的方法,检验风投支持公司盈余管理程度在各阶段的动态变化,并选择全样本公司和无风投支持公司作为对比。采用均值比较的方法,检验风投支持公司在盈余管理行为的权衡,倾向于应计盈余管理还是真实盈余管理,以及这种权衡在各个阶段的动态变化。具体的研究结论如下:

1.关于盈余管理程度的动态变化的结论

IPO公司在各个阶段的盈余管理程度表现出动态变化:IPO当期盈余管理程度高于其他各阶段,锁定期和解锁退出前没有立即出现较大程度的盈余管理的反转,但在退出后出现明显的反转。实证表明,在IPO期间,公司存在为顺利实现上市而进行盈余操控的IPO动机。

风投支持公司的盈余管理程度的动态性比无风投支持公司更强烈。IPO当期与其他阶段在盈余管理程度上的差异,高于无风投支持公司相应的差距。并且,风投支持公司在退出阶段,表现出更显著的反转。

2.关于盈余管理行为的动态变化的结论

实证结果支持了上一章博弈模型的结果。在IPO各阶段,风投支持公司存在着应计盈余管理和真实盈余管理交替并存的现象,在并存的情况下,更倾向于真实盈余管理活动。在IPO筹备期,风投支持公司应计盈余管理和真实盈余管理并存,但倾向于真实盈余管理;在IPO当期,风投公司存在应计盈余管理;在锁定期,风投公司存在应计盈余管理和真实盈余管理的证据不充分;在解锁退出前,风投公司的应计盈余管理和真实盈余管理并存,但倾向于真实盈余管理;在退出后,风投公司的真实盈余管理出现更大程度的反转。

# 第五章　风投影响公司盈余管理行为的动态分析

在前文博弈分析的基础上,本章进一步研究风投影响所投资公司盈余管理行为的动态变化。主要包括:(1)风投对公司在 IPO 各阶段的盈余管理程度是否存在影响,是存在监督的抑制作用,还是侵害的"道德行为";(2)风投影响公司盈余管理在行为方式上的倾向,是倾向于影响应计盈余管理还是真实盈余管理;(3)风投影响公司盈余管理过程中,所面临的内在和外在制约或助长因素。这些因素可能制约或抑制风投对公司盈余管理的影响,也可能助长风投对公司盈余管理的作为,并且这些因素所发挥的作用在 IPO 各阶段也可能存在动态变化。

## 第一节　风投影响公司盈余管理行为的动态变化

### 一、理论分析及研究假设

(一)风投对公司盈余管理程度的影响

风投影响所投资公司的盈余管理的研究已经很丰富了,尤其是针对应计盈余管理。但自从真实盈余管理进入研究者的视野,风投从真实经营活动的角度影响公司盈余操控也开始引起各方的注意。

关于风投对公司盈余质量的影响,理论上和实证上存在两种相对立的结论和发现。正向的影响为"监督作用"或者"认证假说"。拟上市公司为了取得上市资格、募集资金或抬高股票发行价,其管理层及主要股东会刻意隐瞒公司的内部信息,粉饰公司的财务报表以吸引外部投资者,这就引发了公司与利益相关者的信息不对称问题。但如果存在第三方对发行方进行认证,就可以减轻信息不对称水平(Allen and Faulhaber,1989)。认证假说(Megginson and Weiss,1991)认为,风投在 IPO 公司及上市公司的管理中发挥着正向的作用,风投可以作为上市公司的第三方信誉保障,对公司是否合格具有认证作用,在参与上市的过程中会保证该公司的 IPO 财务报告质量更高、财务信息更加真实和公允,部分替代和补充投资银行与承销商对上市公司的保证和推荐,减少在 IPO 过程中产生的不对称信息。监督作用(Barry and Mus-carella,1990)认为,风投利用专业优势,筛选出优质企业,即使初期筛选出的企业质量不高,风投也可以通过提供增值服务使企业的质量上升,风投通过委托—代理方式监管被投资企业,使用各种方法监督控制管理层的机会主义行为,这些方法包括阶段融资、参与董事会、建立规范的法人治理结构和限制性的法律合约等。风投为企业提供增值服务、改善企业的经营管理,对企业的盈余管理行为有一定的监督作用。

相对应的,风投机构可能存在"侵害"公司的"道德行为"或"机会主义行为"。逐名效应假说(Gompers,1996)就是风投的负面效应,也称为躁动理论。该假说认为,风投的最终目的是实现投资收益的最大化,资金的回收速度和 IPO 的成功率对其企业发展和行业声誉相当重要,因此,相比于声誉高以及经验丰富、发展相对成熟的风投机构,"年轻"

的风投机构为了尽快实现资金回收或者提高其行业声誉，会刻意隐瞒投资企业的现状，美化投资企业的经营情况，把尚未发展成熟的、质量较差的公司包装上市"。此时，风投没有起到监督作用，反而刺激公司实施盈余管理行为。寇祥河等（2009）的实证结果就指出，风投的认证效应及监督效应在我国中小板市场上没有表现出来，其原因在于，我国风投机构的成立时间较短，缺乏相关经验，还不能为被投资企业提供足够的增值服务，大多数风投机构追求逐名效应以获得更多的声誉和融资。综合上述分析，提出以下假设：

H5-1：风投机构发挥"监督作用"，风投支持公司的盈余管理程度比无风投支持公司的盈余管理程度低。

H5-2：风投机构发挥"监督作用"，风投支持公司的风投持股比例越高，盈余管理程度越低，两者负相关。

H5-3：风投机构存在"道德行为"，风投支持公司的盈余管理程度比无风投支持公司的盈余管理程度高。

H5-4：风投机构存在"道德行为"，风投支持公司的风投持股比例越高，盈余管理程度越高，两者正相关。

## （二）风投对公司盈余管理行为的影响

第三章的博弈分析已经指出，如果风投意图抑制或者刺激公司的盈余管理，也面临着选择在应计盈余管理或者真实盈余管理施加影响的权衡。当然，风投不能直接进行公司的盈余管理操纵，必须通过公司经理来实现。

风投最大化其预期股权价值，从而决策其在应计盈余管理和真实盈余管理的最优监督水平 $\alpha_1$ 和 $\beta_1$。博弈分析已经指出（推论2），在博弈均衡下，风投最优监督的边际成本取决于风投支持公司两种盈余管理行为监督的敏感度 $\dfrac{\partial K^*}{\partial \alpha_1}$ 和 $\dfrac{\partial K^*}{\partial \beta_1}$。因为风投支持公司对应计盈余管理监督的敏感度低于对真实盈余管理监督的敏感度,即 $\dfrac{\partial K^*}{\partial \alpha_1} < \dfrac{\partial K^*}{\partial \beta_1}$,所以,风投在真实盈余管理监督上的边际成本更低。也即,风投监督真实盈余管理的边际成本 $\dfrac{\partial f(\alpha_1,\beta_1)}{\partial \beta_1}$,比监督应计盈余管理的边际成本 $\dfrac{\partial f(\alpha_1,\beta_1)}{\partial \alpha_1}$ 低,$\dfrac{\partial f(\alpha_1,\beta_1)}{\partial \alpha_1} > \dfrac{\partial f(\alpha_1,\beta_1)}{\partial \beta_1}$。

具体的含义是,由于公司经理对真实盈余管理的监督更为敏感,导致风投对真实盈余管理施加影响的边际成本更低,或者说,真实盈余管理的监督水平的微小变化,比应计盈余管理的监督水平的同等单位变化,更容易引起公司经理盈余管理操控更大幅度的变化。因此,风投倾向于对公司的真实盈余管理施加影响。基于上述分析,本书提出如下假设:

H5-5:风投机构倾向于对公司的真实盈余管理活动实施影响。

## 二、研究设计

为了与无风投支持公司做对比,构建风投支持哑变量(TYPE),

$$\text{TYPE} = \begin{cases} 1, \text{有风投支持} \\ 0, \text{无风投支持} \end{cases}$$

尽管公司治理变量在 IPO 筹备期缺失严重,但考虑到公司治理对企业盈余管理起着重要作用,如果在所有阶段均不考虑公司治理变量,将影响结果的稳健性。因此,本章将采用混合回归的方法检验各阶段的盈余管理的动态变化。在 IPO 筹备期不考虑公司治理,而在其他阶段则考虑公司治理作为控制变量。针对每个阶段的观测样本，分别构建回归模型并进行对比。构建的基本模型如下：

$$EM_i = \beta_0 + \beta_1 TYPE_i + \beta_6 CONTROL_i + \varepsilon_i \tag{5-1}$$

$$EM_i = \beta_0 + \beta_1 VCS_i + \beta_6 CONTROL_i + \varepsilon_i \tag{5-2}$$

其中，被解释变量 $EM_i$ 分别对应着应计盈余管理（AEM）和真实盈余管理的三种测度（REM1、REM2、REM3）；控制变量（CONTROL）的选择，除了第四章面板回归的控制变量（表 4-1）以外，进一步考虑公司治理的变量，变量的名称、符号及其计算方法如表 5-1 所示。

表 5-1　公司治理的控制变量

| 变量名称 | 变量符号 | 计算方法 |
| --- | --- | --- |
| 董事会规模 | DB | 董事会总人数 |
| 独立董事占比 | WID | 独立董事人数除以董事会总人数 |
| 监事会规模 | SB | 监事会总人数 |
| 大股东持股比例 | S1 | 第一大股东持股比例 |

公司治理是解决委托代理问题的一系列制度安排，关于公司治理对盈余管理的影响，本研究主要考虑董事会规模、董事会机构、监事会和股权结构。

董事会规模是公司治理的一个重要安排，是公司治理效率的重要影响因素（Lipton and Lorsch，1992；Jensen，1993）。有研究认为，董事会规模正向影响盈余管理（Dechow et al.，1996；刘立国，2003）；也有些研究表明，董事会规模负向影响公司盈余管理（Abbott et al.，2004；吴清华、王平心，2007）。因此，董事会规模对盈余管理的影响结论较不一致。本研究将董事会规模（DB）定义为董事会成员的人数。

对于董事会结构，受到关注最多的是独立董事的比例。独立董事的引进，使投资者期望得到外部的监督和决策上的支持。Ronald 等

(2004)和 Peasnell 等(2005)等实证发现,独立董事对经理的监督作用,抑制了公司的财务舞弊,提高了公司的盈余质量。但也有不少研究,如 Donaldson 和 Davis(1994)未能得到实证上的证据。需要指出的是,我国自 2001 年才开始全面实施独立董事制度。对于董事会结构,本研究选择的变量为独立董事占比(WIB),为独立董事人数除以董事会总人数。

监事会与董事会相平行,独立行使对董事会和管理层等的监督。其第一项职能就是,对公司财务的合法性进行监督。本研究选择监事会规模(SB)作为控制变量,定义为监事会成员人数。

股权结构,尤其是大股东或者控股股东持股比例,是公司盈余管理的另外一个公司治理因素。股权结构很大程度上影响着企业的治理效率,而公司治理的一个关键方面就是经理人和股东之间的委托代理冲突,尤其在我国上市公司的盈余管理行为方面,这种冲突表现更为突出。本研究选择第一大股东持股比例(S1)作为解释变量。

## 三、实证结果与分析

### (一)风投机构影响公司盈余管理程度的结果分析

应计盈余管理(AEM)和真实盈余管理的三种测度(REM1、REM2、REM3),关于风投哑变量(TYPE)以及风投持股比例(VCS)的回归结果如表 5-3 至表 5-10 所示。为了更容易对比,回归结果汇总如表 5-2 所示。

回归结果显示,风投支持公司的盈余管理与非风投支持公司存在显著差异,针对各个阶段进行分析。

表 5-2　应计/真实盈余管理(AEM/REM)关于风投支持哑变量(TYPE)
和风投持股比例(VCS)回归结果汇总表

| 因变量 | 解释变量 | PREIPO | IPO | LOCKUP | PRESALE | POSTSALE |
|---|---|---|---|---|---|---|
| AEM | TYPE | 0.0076<br>[1.0970]<br>(0.2731) | 0.0057<br>[0.6953]<br>(0.4871) | 0.0079<br>[1.0345]<br>(0.3014) | 0.0139***<br>[3.6406]<br>(0.0003) | 0.0070<br>[1.3364]<br>(0.1816) |
| AEM | VCS | 0.0001<br>[0.1439]<br>(0.8856) | 0.0010<br>[1.5118]<br>(0.1311) | 0.0019**<br>[2.0398]<br>(0.0419) | 0.0012***<br>[3.4091]<br>(0.0007) | |
| REM1 | TYPE | 0.0311*<br>[1.7867]<br>(0.0745) | 0.0377*<br>[1.9506]<br>(0.0516) | −0.0092<br>[−0.4881]<br>(0.6257) | 0.0213**<br>[2.4095]<br>(0.0160) | −0.0468***<br>[−3.3381]<br>(0.0009) |
| REM1 | VCS | 0.0018<br>[1.6192]<br>(0.1060) | 0.0029**<br>[2.1685]<br>(0.0305) | 0.0008<br>[0.4165]<br>(0.6772) | 0.0021***<br>[2.9908]<br>(0.0028) | |
| REM2 | TYPE | 0.0116<br>[0.8327]<br>(0.4054) | 0.0081<br>[0.5119]<br>(0.6089) | −0.0041<br>[−0.3283]<br>(0.7428) | 0.0201***<br>[3.3799]<br>(0.0007) | −0.0382***<br>[−3.4843]<br>(0.0005) |
| REM2 | VCS | 0.0006<br>[0.6757]<br>(0.4995) | 0.0017<br>[1.3892]<br>(0.1653) | 0.0013<br>[1.0163]<br>(0.3099) | 0.0015***<br>[3.1260]<br>(0.0018) | |
| REM3 | TYPE | 0.0297<br>[1.1364]<br>(0.2563) | 0.0402<br>[1.4279]<br>(0.1538) | −0.0195<br>[−0.7774]<br>(0.4373) | 0.0253**<br>[2.2822]<br>(0.0226) | −0.0911***<br>[−4.2380]<br>(0.0000) |
| REM3 | VCS | 0.0019<br>[1.0653]<br>(0.2872) | 0.0032<br>[1.5907]<br>(0.1122) | 0.0006<br>[0.2593]<br>(0.7955) | 0.0024***<br>[2.6232]<br>(0.0088) | |

注：回归系数的标准误采用怀特异方差一致估计的标准误。[]中的数值为 t 值，()为 t 检验的 p 值。*、**、*** 分别表示在 10%、5%和 1%的水平上显著。

（1）在 IPO 筹备期（PREIPO），在 10%的显著水平下，真实盈余管理（REM1）关于风投支持哑变量（TYPE）的回归系数（0.0311）显著为正，这说明在 IPO 筹备期，风投支持公司比非风投支持公司有更高的盈余管理程度。尽管其他四个盈余管理变量关于风投支持哑变量

(TYPE)的回归系数不显著,但符号都是正的。盈余管理变量关于风投持股比例(VCS)虽然都不显著,但符号也都是正的。

（2）在 IPO 当期,真实盈余管理（REM1）关于风投支持哑变量(TYPE)的回归系数(0.0377)在 10%显著水平下是显著的,且为正数,说明风投支持公司比非风投支持公司具有更高的盈余管理程度,并且回归系数比 IPO 筹备期(PREIPO)略高。进一步看,真实盈余管理(REM1)关于风投持股比例(VCS)的回归系数(0.0029)在 5%的显著水平是显著的,也即风投的持股比例越高,平均而言,风投支持公司的盈余管理程度越高。由这两阶段的结果得知,风投支持公司有提高 IPO 前会计收益来达到上市标准以实现 IPO 的动机。此时,风投表现出机会主义的"道德行为"。

（3）在上市后的锁定期(LOCKUP),应计盈余管理(AEM)和真实盈余管理的三种测度(REM1、REM2、REM3)关于风投支持哑变量(TYPE)的回归系数均不显著,实证的证据并不能说明风投支持公司存在更高或者更低的盈余管理。但是可以发现,尽管回归系数都不显著,真实盈余管理(REM1、REM2、REM3)关于风投支持哑变量(TYPE)的回归系数均为负数(分别为-0.0092、-0.0041、-0.0195)。对于这种"反转",尽管不能贸然做出统计上的推断,但也提供了风投支持公司在 IPO 期间以及筹备期进行真实盈余管理的反面证据。

（4）在解锁退出前(PRESALE),应计盈余管理(AEM)和真实盈余管理的三种测度(REM1、REM2、REM3)关于风投支持哑变量(TYPE)的回归系数均在 5%或者 1%的显著水平下显著为正,样本证据表明风投支持公司存在更高的盈余管理程度。并且,盈余管理关于风投持股比例(VCS)的回归系数也在 1%的显著水平下显著,并且为正数。其中,应计盈余管理(AEM)关于风投持股比例(VCS)的回归系数为

0.0012，真实盈余管理（REM1、REM2、REM3）关于风投持股比例（VCS）的回归系数分别为0.0021、0.0015、0.0024。实证结果表明，无论对于应计盈余管理还是真实盈余管理，风投持股比例越高，则风投支持公司的盈余管理程度越高，这意味着，风投机构在退出之前有着提高当前会计收益以获得更高退出收益的强烈动机。

（5）在退出后（POSTSALE），真实盈余管理的三种测度（REM1、REM2、REM3）对风投支持哑变量（TYPE）的回归系数（分别为－0.0468、－0.0382、－0.0911）均在1%的显著水平下显著，并且为负数。这个显著的反转证据，证实了曾经有风投支持的公司存在着比非风投支持公司更高的盈余管理。注意到三个回归系数的绝对值均比退出前对应的回归系数大，可见反转的程度较高。从某种角度而言，这个反转不仅仅表明企业盈余恢复真实水平，甚至因受到侵害而比真实水平更低。对于应计的盈余管理，实证中并未发现这种反转的显著性，回归系数为正，从另一个角度也可以认为经理对公司的应计项目方面的盈余操控尚未结束，这是由于在真实活动方面存在较大程度的反转，公司经理可能考虑到账面盈余的美观，而继续在应计项目方面进行操控。

综上所述，在IPO当期和筹备期，风投存在着降低监督从而刺激公司盈余管理实现上市的IPO动机；而在解锁退出前，风投再次存在降低监督从而刺激盈余实现退出高收益的动机。因此，风投机构存在着"侵害"的"道德行为"。假设H5-3和H5-4得到验证，而H5-1和H5-2的假设不成立。

表5-3　应计盈余管理（AEM）关于风投支持哑变量（TYPE）的回归结果

|   | PREIPO | IPO | LOCKUP | PRESALE | POSTSALE |
|---|---|---|---|---|---|
| C | $-0.0771$ | $-0.3441^{***}$ | $-0.0628$ | $-0.2265^{***}$ | $-0.2244^{***}$ |
|   | $[-0.7540]$ | $[-3.2309]$ | $[-1.0131]$ | $[-4.3499]$ | $[-4.1337]$ |
|   | $(0.4512)$ | $(0.0013)$ | $(0.3115)$ | $(0.0000)$ | $(0.0000)$ |

续表

| | PREIPO | IPO | LOCKUP | PRESALE | POSTSALE |
|---|---|---|---|---|---|
| TYPE | 0.0076 [1.0970] (0.2731) | 0.0057 [0.6953] (0.4871) | 0.0079 [1.0345] (0.3014) | 0.0139 *** [3.6406] (0.0003) | 0.0070 [1.3364] (0.1816) |
| GROWTH | 0.0252 [1.0329] (0.3021) | 0.0501 ** [1.9999] (0.0459) | −0.0059 *** [−89.1944] (0.0000) | 0.0428 *** [3.2682] (0.0011) | 0.0420 *** [3.0169] (0.0026) |
| PERFORMR | −0.7172 *** [−16.9829] (0.0000) | −0.9116 *** [−16.5343] (0.0000) | −0.3461 *** [−4.4153] (0.0000) | −0.1387 * [−1.8183] (0.0691) | −0.1287 ** [−1.7658] (0.0776) |
| ROA | 0.5515 *** [6.9244] (0.0000) | 0.9221 *** [4.5420] (0.0000) | 0.5051 *** [6.4677] (0.0000) | 0.4639 *** [3.9068] (0.0001) | 0.4559 *** [3.8416] (0.0001) |
| SIZE | 0.0069 [1.3464] (0.1787) | 0.0247 *** [4.8643] (0.0000) | 0.0043 [1.4252] (0.1547) | 0.0084 *** [3.4084] (0.0007) | 0.0086 *** [3.3183] (0.0009) |
| LEVERAGE | −0.0519 * [−1.6559] (0.0983) | −0.2022 *** [−6.7323] (0.0000) | 0.0390 [1.5343] (0.1256) | 0.0179 [0.9935] (0.3206) | 0.0200 [1.0100] (0.3126) |
| AUDITOR | 0.0023 [0.2978] (0.7660) | −0.0053 [−0.6832] (0.4948) | −0.0004 [−0.0830] (0.9339) | −0.0054 [−1.3676] (0.1716) | −0.0080 * [−1.9553] (0.0507) |
| UNDERWRITER | −0.0140 ** [−2.2904] (0.0224) | −0.0004 [−0.0541] (0.9569) | 0.0029 [0.6263] (0.5314) | | |
| DB | −0.0020 [−0.7718] (0.4405) | 0.0015 [0.9928] (0.3213) | 0.0016 [1.5322] (0.1256) | 0.0016 [1.3077] (0.1911) | |
| WID | −0.1236 *** [−2.4333] (0.0152) | −0.0659 [−1.3591] (0.1747) | −0.0043 [−0.1278] (0.8983) | −0.0184 [−0.5440] (0.5865) | |
| SB | 0.0042 [1.5058] (0.1326) | −0.0012 [−0.5325] (0.5946) | 0.0011 [0.8854] (0.3760) | 0.0011 [0.7804] (0.4352) | |

续表

|  | PREIPO | IPO | LOCKUP | PRESALE | POSTSALE |
|---|---|---|---|---|---|
| S1 | −0.0003 | −0.0001 | 0.0002 | 0.0001 |  |
|  | [−1.3503] | [−0.8801] | [1.6144] | [1.3070] |  |
|  | (0.1774) | (0.3792) | (0.1066) | (0.1914) |  |

注:回归系数的标准误采用怀特异方差一致估计的标准误。[ ]中的数值为 $t$ 值,( )为 $t$ 检验的 $p$ 值。 * 、** 、*** 分别表示在10%、5%和1%的水平上显著。

表 5-4　应计盈余管理(AEM)关于风投持股比例(VCS)的回归结果

|  | PREIPO | IPO | LOCKUP | PRESALE | POSTSALE |
|---|---|---|---|---|---|
| C | −0.0703 | −0.3478 *** | −0.0700 | −0.2231 *** |  |
|  | [−0.6829] | [−3.2684] | [−1.1507] | [−4.3218] |  |
|  | (0.4949) | (0.0011) | (0.2504) | (0.0000) |  |
| VCS | 0.0001 | 0.0010 | 0.0019 ** | 0.0012 *** |  |
|  | [0.1439] | [1.5118] | [2.0398] | [3.4091] |  |
|  | (0.8856) | (0.1311) | (0.0419) | (0.0007) |  |
| GROWTH | 0.0255 | 0.0499 ** | −0.0060 *** | 0.0429 *** |  |
|  | [1.0483] | [2.0039] | [−88.2382] | [3.2822] |  |
|  | (0.2949) | (0.0455) | (0.0000) | (0.0010) |  |
| PERFORMR | −0.7166 *** | −0.9097 *** | −0.3503 *** | −0.1390 * |  |
|  | [−16.9373] | [−16.4816] | [−4.8051] | [−1.8164] |  |
|  | (0.0000) | (0.0000) | (0.0000) | (0.0694) |  |
| ROA | 0.5494 *** | 0.9202 *** | 0.5291 *** | 0.4631 *** |  |
|  | [6.8813] | [4.5571] | [7.7620] | [3.8971] |  |
|  | (0.0000) | (0.0000) | (0.0000) | (0.0001) |  |
| SIZE | 0.0067 | 0.0248 *** | 0.0043 | 0.0084 *** |  |
|  | [1.3080] | [4.8839] | [1.4489] | [3.4101] |  |
|  | (0.1914) | (0.0000) | (0.1480) | (0.0007) |  |
| LEVERAGE | −0.0542 * | −0.2012 *** | 0.0340 | 0.0165 |  |
|  | [−1.7400] | [−6.8780] | [1.4686] | [0.9199] |  |
|  | (0.0824) | (0.0000) | (0.1425) | (0.3577) |  |
| AUDITOR | 0.0022 | −0.0054 | −0.0007 | −0.0055 |  |
|  | [0.2878] | [−0.6952] | [−0.1480] | [−1.4023] |  |
|  | (0.7736) | (0.4872) | (0.8824) | (0.1610) |  |

续表

| | PREIPO | IPO | LOCKUP | PRESALE | POSTSALE |
|---|---|---|---|---|---|
| UNDERWRITER | −0.0138** | −0.0003 | 0.0020 | | |
| | [−2.2527] | [−0.0481] | [0.4342] | | |
| | (0.0247) | (0.9617) | (0.6643) | | |
| DB | −0.0021 | 0.0014 | 0.0017 | | |
| | [−0.8148] | [0.9545] | [1.5437] | | |
| | (0.4155) | (0.3403) | (0.1228) | | |
| WID | −0.1242 | −0.0659 | −0.0041 | | |
| | [−2.4543] | [−1.3901] | [−0.1194] | | |
| | (0.0144) | (0.1651) | (0.9050) | | |
| SB | 0.0042 | −0.0005 | 0.0010 | | |
| | [1.5003] | [−0.2271] | [0.7609] | | |
| | (0.1340) | (0.8204) | (0.4468) | | |
| S1 | −0.0003 | 0.0000 | 0.0002 | | |
| | [−1.1469] | [−0.1999] | [1.5141] | | |
| | (0.2519) | (0.8416) | (0.1301) | | |

注:回归系数的标准误采用怀特异方差一致估计的标准误。[]中的数值为 $t$ 值,()为 $t$ 检验的 $p$ 值。*、**、*** 分别表示在 10%、5% 和 1% 的水平上显著。

表 5-5　真实盈余管理(REM1)关于风投支持哑变量(TYPE)的回归结果

| | PREIPO | IPO | LOCKUP | PRESALE | POSTSALE |
|---|---|---|---|---|---|
| C | 2.0596*** | 1.5472*** | 0.6087*** | 0.4419*** | 0.3478*** |
| | [8.3965] | [7.0441] | [4.4557] | [3.7764] | [2.7382] |
| | (0.0000) | (0.0000) | (0.0000) | (0.0002) | (0.0062) |
| TYPE | 0.0311* | 0.0377* | −0.0092 | 0.0213** | 0.0468*** |
| | [1.7867] | [1.9506] | [−0.4881] | [2.4095] | [−3.3381] |
| | (0.0745) | (0.0516) | (0.6257) | (0.0160) | (0.0009) |
| GROWTH | −0.0115 | 0.0159 | −0.0028*** | −0.0261 | −0.0282 |
| | [−0.2662] | [0.3367] | [−22.0570] | [−0.4843] | [−0.4825] |
| | (0.7902) | (0.7364) | (0.0000) | (0.6282) | (0.6295) |
| PERFORMR | −1.1468*** | −1.2976*** | −0.6588*** | −0.2469 | −0.2335 |
| | [−10.8279] | [−16.8409] | [−5.1940] | [−1.5924] | [−1.5524] |
| | (0.0000) | (0.0000) | (0.0000) | (0.1114) | (0.1207) |

续表

| | PREIPO | IPO | LOCKUP | PRESALE | POSTSALE |
|---|---|---|---|---|---|
| ROA | −1.3741 *** | −2.9386 *** | −0.7995 ** | −0.1280 | −0.1179 |
| | [−5.5633] | [−6.8751] | [−2.4287] | [−0.6833] | [−0.6251] |
| | (0.0000) | (0.0000) | (0.0155) | (0.4945) | (0.5320) |
| SIZE | −0.0957 *** | −0.0601 *** | −0.0235 *** | −0.0250 *** | −0.0219 *** |
| | [−7.3453] | [−5.6657] | [−3.5403] | [−4.6079] | [−3.6813] |
| | (0.0000) | (0.0000) | (0.0004) | (0.0000) | (0.0002) |
| LEVERAGE | 0.1793 | 0.1778 *** | 0.1507 *** | 0.2247 *** | 0.2324 *** |
| | [1.5694] | [2.8189] | [2.8421] | [10.3945] | [10.4051] |
| | (0.1171) | (0.0050) | (0.0047) | (0.0000) | (0.0000) |
| AUDITOR | 0.0004 | −0.0089 | −0.0036 | −0.0132 | −0.0214 ** |
| | [0.0187] | [−0.5061] | [−0.3003] | [−1.6203] | [−2.3885] |
| | (0.9851) | (0.6130) | (0.7641) | (0.1053) | (0.0170) |
| UNDERWRITER | 0.0020 | 0.0125 | 0.0052 | | |
| | [0.1273] | [0.8064] | [0.4806] | | |
| | (0.8988) | (0.4203) | (0.6310) | | |
| DB | −0.0091 | −0.0048 | −0.0011 | −0.0008 | |
| | [−1.5953] | [−1.0733] | [−0.3959] | [−0.2518] | |
| | (0.1112) | (0.2836) | (0.6922) | (0.8012) | |
| WID | −0.1209 | −0.1228 | −0.0894 | −0.0437 | |
| | [−0.8637] | [−1.0256] | [−1.0111] | [−0.4624] | |
| | (0.3881) | (0.3056) | (0.3120) | (0.6438) | |
| SB | −0.0020 | −0.0075 | 0.0027 | 0.0067 ** | |
| | [−0.2762] | [−1.4254] | [0.8707] | [1.9784] | |
| | (0.7825) | (0.1546) | (0.3840) | (0.0480) | |
| S1 | 0.0006 | 0.0007 * | 0.0008 *** | 0.0006 ** | |
| | [1.0865] | [1.8911] | [3.0635] | [2.1009] | |
| | (0.2777) | (0.0592) | (0.0022) | (0.0358) | |

注:回归系数的标准误采用怀特异方差一致估计的标准误。[ ]中的数值为 $t$ 值,( )为 $t$ 检验的 $p$ 值。* 、** 、*** 分别表示在 10%、5% 和 1% 的水平上显著。

表 5-6　真实盈余管理(REM1)关于风投持股比例(VCS)的回归结果

| | PREIPO | IPO | LOCKUP | PRESALE | POSTSALE |
|---|---|---|---|---|---|
| C | 2.0563 *** | 1.5298 *** | 0.6002 *** | 0.4461 *** | |
| | [10.7156] | [7.0294] | [4.3870] | [3.8702] | |
| | (0.0000) | (0.0000) | (0.0000) | (0.0001) | |
| VCS | 0.0018 | 0.0029 ** | 0.0008 | 0.0021 *** | |
| | [1.6192] | [2.1685] | [0.4165] | [2.9908] | |
| | (0.1060) | (0.0305) | (0.6772) | (0.0028) | |
| GROWTH | −0.0120 | 0.0187 | −0.0029 *** | −0.0258 | |
| | [−0.4198] | [0.4035] | [−22.7446] | [−0.4797] | |
| | (0.6748) | (0.6867) | (0.0000) | (0.6315) | |
| PERFORMR | −1.1435 *** | −1.2921 *** | −0.6600 *** | −0.2472 | |
| | [−13.9341] | [−16.4991] | [−5.4262] | [−1.5917] | |
| | (0.0000) | (0.0000) | (0.0000) | (0.1116) | |
| ROA | −1.3703 *** | −2.9639 *** | −0.7828 ** | −0.1291 | |
| | [−7.9497] | [−7.0448] | [−2.4509] | [−0.6893] | |
| | (0.0000) | (0.0000) | (0.0146) | (0.4907) | |
| SIZE | −0.0954 *** | −0.0588 *** | −0.0237 *** | −0.0250 *** | |
| | [−9.8551] | [−5.5676] | [−3.5580] | [−4.6325] | |
| | (0.0000) | (0.0000) | (0.0004) | (0.0000) | |
| LEVERAGE | 0.1784 ** | 0.1719 *** | 0.1457 *** | 0.2229 *** | |
| | [2.3055] | [2.7778] | [2.8324] | [10.3348] | |
| | (0.0215) | (0.0056) | (0.0048) | (0.0000) | |
| AUDITOR | 0.0001 | −0.0104 | −0.0034 | −0.0135 * | |
| | [0.0057] | [−0.5910] | [−0.2814] | [−1.6464] | |
| | (0.9955) | (0.5518) | (0.7785) | (0.0998) | |
| UNDERWRITER | 0.0031 | 0.0133 | 0.0044 | | |
| | [0.1886] | [0.8506] | [0.4046] | | |
| | (0.8505) | (0.3953) | (0.6859) | | |
| DB | −0.0094 | −0.0047 | −0.0011 | | |
| | [−1.6348] | [−1.0200] | [−0.3983] | | |
| | (0.1026) | (0.3082) | (0.6905) | | |
| WID | −0.1260 | −0.1182 | −0.0891 | | |
| | [−0.9009] | [−0.9911] | [−1.0072] | | |
| | (0.3680) | (0.3221) | (0.3139) | | |

续表

|  | PREIPO | IPO | LOCKUP | PRESALE | POSTSALE |
|---|---|---|---|---|---|
| SB | −0.0021 | −0.0070 | 0.0025 | | |
|  | [−0.2820] | [−1.3876] | [0.8009] | | |
|  | (0.7780) | (0.1659) | (0.4232) | | |
| S1 | 0.0006 | 0.0009 ** | 0.0008 *** | | |
|  | [1.0615] | [2.1350] | [3.0336] | | |
|  | (0.2889) | (0.0332) | (0.0024) | | |

注：回归系数的标准误采用怀特异方差一致估计的标准误。[ ]中的数值为 $t$ 值，( )为 $t$ 检验的 $p$ 值。 *、**、*** 分别表示在 $10\%$、$5\%$ 和 $1\%$ 的水平上显著。

表 5-7　真实盈余管理（RME2）关于风投支持哑变量（TYPE）的回归结果

|  | PREIPO | IPO | LOCKUP | PRESALE | POSTSALE |
|---|---|---|---|---|---|
| C | 1.4263 *** | 1.1575 *** | 0.4358 *** | 0.2297 *** | 0.1724 ** |
|  | [7.5809] | [6.6897] | [4.4053] | [3.3140] | [2.3665] |
|  | (0.0000) | (0.0000) | (0.0000) | (0.0009) | (0.0180) |
| TYPE | 0.0116 | 0.0081 | −0.0041 | 0.0201 *** | −0.0382 *** |
|  | [0.8327] | [0.5119] | [−0.3283] | [3.3799] | [−3.4843] |
|  | (0.4054) | (0.6089) | (0.7428) | (0.0007) | (0.0005) |
| GROWTH | −0.0426 | 0.0173 | −0.0080 *** | −0.0326 ** | −0.0368 ** |
|  | [−1.5771] | [0.3860] | [−86.8783] | [−2.3630] | [−2.5369] |
|  | (0.1153) | (0.6996) | (0.0000) | (0.0182) | (0.0112) |
| PERFORMR | −0.9348 *** | −1.0721 *** | −0.4496 *** | −0.1959 * | −0.1854 * |
|  | [−10.8371] | [−16.2095] | [−4.6569] | [−1.7623] | [−1.7187] |
|  | (0.0000) | (0.0000) | (0.0000) | (0.0781) | (0.0858) |
| ROA | −0.5643 ** | −1.4220 *** | −0.4348 *** | 0.0055 | 0.0042 |
|  | [−2.4496] | [−3.8396] | [−2.6468] | [0.0785] | [0.0578] |
|  | (0.0146) | (0.0001) | (0.0084) | (0.9374) | (0.9539) |
| SIZE | −0.0638 *** | −0.0460 *** | −0.0154 *** | −0.0137 *** | −0.0116 *** |
|  | [−6.1681] | [−5.4898] | [−3.1675] | [−4.3644] | [−3.4686] |
|  | (0.0000) | (0.0000) | (0.0016) | (0.0000) | (0.0005) |
| LEVERAGE | 0.0707 | −0.0139 | 0.0953 ** | 0.1190 *** | 0.1208 *** |
|  | [0.6925] | [−0.2790] | [2.4792] | [6.8608] | [6.1719] |
|  | (0.4889) | (0.7804) | (0.0135) | (0.0000) | (0.0000) |

续表

|  | PREIPO | IPO | LOCKUP | PRESALE | POSTSALE |
|---|---|---|---|---|---|
| AUDITOR | −0.0135 | −0.0113 | −0.0108 | −0.0201 *** | −0.0280 *** |
|  | [−0.7087] | [−0.7930] | [−1.1831] | [−3.3835] | [−4.2290] |
|  | (0.4788) | (0.4281) | (0.2373) | (0.0007) | (0.0000) |
| UNDERWRITER | −0.0129 | −0.0049 | 0.0001 |  |  |
|  | [−1.0341] | [−0.3931] | [0.0090] |  |  |
|  | (0.3015) | (0.6944) | (0.9928) |  |  |
| DB | −0.0029 | −0.0048 | −0.0005 | −0.0003 |  |
|  | [−0.6311] | [−1.4751] | [−0.2451] | [−0.1209] |  |
|  | (0.5282) | (0.1408) | (0.8064) | (0.9038) |  |
| WID | −0.0210 | −0.1352 | −0.0712 | −0.0590 |  |
|  | [−0.1879] | [−1.5190] | [−1.2888] | [−0.9831] |  |
|  | (0.8510) | (0.1294) | (0.1976) | (0.3257) |  |
| SB | −0.0017 | −0.0045 | 0.0026 | 0.0058 *** |  |
|  | [−0.2756] | [−1.1779] | [1.3451] | [2.7932] |  |
|  | (0.7830) | (0.2394) | (0.1787) | (0.0053) |  |
| S1 | 0.0004 | 0.0004 | 0.0009 *** | 0.0007 *** |  |
|  | [0.9160] | [1.3439] | [4.7724] | [3.7277] |  |
|  | (0.3600) | (0.1796) | (0.0000) | (0.0002) |  |

注:回归系数的标准误采用怀特异方差一致估计的标准误。[ ]中的数值为 $t$ 值,( )为 $t$ 检验的 $p$ 值。*、**、*** 分别表示在 10%、5% 和 1% 的水平上显著。

表 5-8　真实盈余管理(REM2)关于风投持股比例(VCS)的回归结果

|  | PREIPO | IPO | LOCKUP | PRESALE | POSTSALE |
|---|---|---|---|---|---|
| C | 1.4266 *** | 1.1515 *** | 0.4265 *** | 0.2360 *** |  |
|  | [7.4616] | [6.6411] | [4.3392] | [3.4391] |  |
|  | (0.0000) | (0.0000) | (0.0000) | (0.0006) |  |
| VCS | 0.0006 | 0.0017 | 0.0013 | 0.0015 *** |  |
|  | [0.6757] | [1.3892] | [1.0163] | [3.1260] |  |
|  | (0.4995) | (0.1653) | (0.3099) | (0.0018) |  |
| GROWTH | −0.0427 | 0.0166 | −0.0080 *** | −0.0324 ** |  |
|  | [−1.5720] | [0.3761] | [−87.6582] | [−2.3375] |  |
|  | (0.1165) | (0.7070) | (0.0000) | (0.0195) |  |

续表

| | PREIPO | IPO | LOCKUP | PRESALE | POSTSALE |
|---|---|---|---|---|---|
| PERFORMR | −0.9336*** [−10.8201] (0.0000) | −1.0688*** [−16.1722] (0.0000) | −0.4521*** [−4.9658] (0.0000) | −0.1962* [−1.7604] (0.0785) | |
| ROA | −0.5635** [−2.4403] (0.0150) | −1.4234*** [−3.8846] (0.0001) | −0.4127*** [−2.5993] (0.0096) | 0.0042 [0.0597] (0.9524) | |
| SIZE | −0.0638*** [−6.1196] (0.0000) | −0.0459*** [−5.4432] (0.0000) | −0.0155*** [−3.1989] (0.0015) | −0.0137*** [−4.4136] (0.0000) | |
| LEVERAGE | 0.0699 [0.6861] (0.4930) | −0.0114 [−0.2348] (0.8144) | 0.0895** [2.4511] (0.0146) | 0.1165*** [6.7868] (0.0000) | |
| AUDITOR | −0.0136 [−0.7136] (0.4758) | −0.0113 [−0.7971] (0.4257) | −0.0108 [−1.1795] (0.2387) | −0.0203*** [−3.4060] (0.0007) | |
| UNDERWRITER | −0.0125 [−0.9948] (0.3202) | −0.0049 [−0.3918] (0.6953) | −0.0009 [−0.1118] (0.9110) | | |
| DB | −0.0031 [−0.6730] (0.5012) | −0.0047 [−1.4410] (0.1502) | −0.0004 [−0.2189] (0.8267) | | |
| WID | −0.0218 [−0.1951] (0.8454) | −0.1317 [−1.4955] (0.1354) | −0.0707 [−1.2771] (0.2017) | | |
| SB | −0.0018 [−0.2912] (0.7710) | −0.0038 [−1.0318] (0.3026) | 0.0024 [1.2330] (0.2177) | | |
| S1 | 0.0005 [1.1053] (0.2695) | 0.0005* [1.7988] (0.0726) | 0.0008*** [4.6879] (0.0000) | | |

注:回归系数的标准误采用怀特异方差一致估计的标准误。[ ]中的数值为 $t$ 值,( )为 $t$ 检验的 $p$ 值。*、**、*** 分别表示在 10%、5% 和 1% 的水平上显著。

表 5-9　真实盈余管理（REM3）关于风投支持哑变量（TYPE）的回归结果

| | PREIPO | IPO | LOCKUP | PRESALE | POSTSALE |
|---|---|---|---|---|---|
| C | 2.6014 *** | 2.0693 *** | 0.8200 *** | 0.5882 *** | 0.4742 *** |
| | [7.9847] | [6.6123] | [4.2251] | [4.2459] | [3.1483] |
| | (0.0000) | (0.0000) | (0.0000) | (0.0000) | (0.0017) |
| TYPE | 0.0297 | 0.0402 | −0.0195 | 0.0253 ** | −0.0911 *** |
| | [1.1364] | [1.4279] | [−0.7774] | [2.2822] | [−4.2380] |
| | (0.2563) | (0.1538) | (0.4373) | (0.0226) | (0.0000) |
| GROWTH | −0.0647 | −0.0288 | −0.0038 *** | −0.0654 | −0.0702 |
| | [−1.3142] | [−0.4813] | [−24.4433] | [−1.2791] | [−1.2664] |
| | (0.1893) | (0.6305) | (0.0000) | (0.2010) | (0.2055) |
| PERFORMR | −1.2160 *** | −1.3741 *** | −0.7009 *** | −0.2569 | −0.2448 |
| | [−7.9753] | [−15.0054] | [−5.0372] | [−1.5824] | [−1.5409] |
| | (0.0000) | (0.0000) | (0.0000) | (0.1137) | (0.1235) |
| ROA | −1.6223 *** | −3.6876 *** | −1.0473 *** | −0.1094 | −0.1018 |
| | [−3.7734] | [−5.8589] | [−2.7142] | [−0.5222] | [−0.4790] |
| | (0.0002) | (0.0000) | (0.0069) | (0.6016) | (0.6320) |
| SIZE | −0.1217 *** | −0.0820 *** | −0.0307 *** | −0.0320 *** | −0.0285 *** |
| | [−6.6024] | [−5.3611] | [−3.2148] | [−4.9512] | [−4.0260] |
| | (0.0000) | (0.0000) | (0.0014) | (0.0000) | (0.0001) |
| LEVERAGE | 0.2703 | 0.2316 *** | 0.1815 *** | 0.2859 *** | 0.2940 *** |
| | [1.3561] | [2.6104] | [2.7188] | [9.5101] | [9.0089] |
| | (0.1756) | (0.0093) | (0.0068) | (0.0000) | (0.0000) |
| AUDITOR | −0.0264 | −0.0211 | −0.0136 | −0.0253 ** | −0.0399 *** |
| | [−0.7476] | [−0.7944] | [−0.7765] | [−2.2690] | [−3.1257] |
| | (0.4550) | (0.4273) | (0.4378) | (0.0233) | (0.0018) |
| UNDERWRITER | −0.0018 | 0.0038 | 0.0039 | | |
| | [−0.0729] | [0.1650] | [0.2535] | | |
| | (0.9419) | (0.8690) | (0.8000) | | |
| DB | −0.0118 | −0.0107 | −0.0036 | −0.0036 | |
| | [−1.3082] | [−1.6004] | [−0.9479] | [−0.8174] | |
| | (0.1913) | (0.1101) | (0.3432) | (0.4138) | |
| WID | −0.1210 | −0.1752 | −0.1715 | −0.1143 | |
| | [−0.5517] | [−1.0136] | [−1.4883] | [−0.9050] | |
| | (0.5813) | (0.3112) | (0.1368) | (0.3656) | |

续表

|  | PREIPO | IPO | LOCKUP | PRESALE | POSTSALE |
|---|---|---|---|---|---|
| SB | −0.0051 | −0.0086 | 0.0044 | 0.0111 *** | |
|  | [−0.4414] | [−1.1736] | [1.1394] | [2.6534] | |
|  | (0.6591) | (0.2411) | (0.2547) | (0.0080) | |
| S1 | 0.0011 | 0.0011 *** | 0.0014 *** | 0.0012 *** | |
|  | [1.3477] | [2.0390] | [3.8670] | [2.9431] | |
|  | (0.1782) | (0.0420) | (0.0001) | (0.0033) | |

注:回归系数的标准误采用怀特异方差一致估计的标准误。[ ]中的数值为 $t$ 值,( )为 $t$ 检验的 $p$ 值。 $*$、$**$、$***$ 分别表示在 10%、5%和 1%的水平上显著。

表 5-10 真实盈余管理(REM3)关于风投持股比例(VCS)的回归结果

|  | PREIPO | IPO | LOCKUP | PRESALE | POSTSALE |
|---|---|---|---|---|---|
| C | 2.5950 *** | 2.0505 *** | 0.8083 *** | 0.5936 *** | |
|  | [7.9234] | [6.5994] | [4.1610] | [4.3290] | |
|  | (0.0000) | (0.0000) | (0.0000) | (0.0000) | |
| VCS | 0.0019 | 0.0032 | 0.0006 | 0.0024 *** | |
|  | [1.0653] | [1.5907] | [0.2593] | [2.6232] | |
|  | (0.2872) | (0.1122) | (0.7955) | (0.0088) | |
| GROWTH | −0.0654 | −0.0260 | −0.0039 *** | −0.0650 | |
|  | [−1.3204] | [−0.4411] | [−25.5129] | [−1.2738] | |
|  | (0.1872) | (0.6593) | (0.0000) | (0.2029) | |
| PERFORMR | −1.2128 *** | −1.3679 *** | −0.7012 *** | −0.2573 | |
|  | [−7.9672] | [−14.8127] | [−5.2498] | [−1.5816] | |
|  | (0.0000) | (0.0000) | (0.0000) | (0.1139) | |
| ROA | −1.6174 *** | −3.7141 *** | −1.0282 *** | −0.1108 | |
|  | [−3.7544] | [−5.9655] | [−2.7249] | [−0.5289] | |
|  | (0.0002) | (0.0000) | (0.0066) | (0.5969) | |
| SIZE | −0.1213 *** | −0.0806 *** | −0.0310 *** | −0.0320 *** | |
|  | [−6.5796] | [−5.2892] | [−3.2382] | [−4.9709] | |
|  | (0.0000) | (0.0000) | (0.0013) | (0.0000) | |
| LEVERAGE | 0.2702 | 0.2258 *** | 0.1748 *** | 0.2836 *** | |
|  | [1.3580] | [2.5921] | [2.6789] | [9.4699] | |
|  | (0.1750) | (0.0098) | (0.0076) | (0.0000) | |

续表

|  | PREIPO | IPO | LOCKUP | PRESALE | POSTSALE |
|---|---|---|---|---|---|
| AUDITOR | −0.0267 [−0.7541] (0.4511) | −0.0227 [−0.8550] (0.3929) | −0.0131 [−0.7452] (0.4565) | −0.0255** [−2.2903] (0.0221) | |
| UNDERWRITER | −0.0007 [−0.0273] (0.9783) | 0.0046 [0.1994] (0.8420) | 0.0029 [0.1841] (0.8540) | | |
| DB | −0.0121 [−1.3345] (0.1825) | −0.0104 [−1.5391] (0.1244) | −0.0036 [−0.9457] (0.3444) | | |
| WID | −0.1263 [−0.5754] (0.5652) | −0.1671 [−0.9705] (0.3323) | −0.1711 [−1.4838] (0.1380) | | |
| SB | −0.0052 [−0.4458] (0.6559) | −0.0079 [−1.1110] (0.2671) | 0.0041 [1.0768] (0.2817) | | |
| S1 | 0.0011 [1.3436] (0.1796) | 0.0013** [2.2838] (0.0228) | 0.0014*** [3.8425] (0.0001) | | |

注：回归系数的标准误采用怀特异方差一致估计的标准误。[]中的数值为 $t$ 值,()为 $t$ 检验的 $p$ 值。*、**、***分别表示在10%、5%和1%的水平上显著。

### (二)风投机构影响公司盈余管理行为的结果分析

接下来分析风投机构影响公司盈余管理行为的倾向,也即,风投倾向于影响公司的真实盈余管理还是倾向于影响应计盈余管理。

(1)在 IPO 筹备期(PREIPO),风投机构倾向于影响真实盈余管理行为。由表 5-2 可知,在 IPO 筹备期,真实盈余管理(REM1)关于风投支持哑变量(TYPE)的回归系数在10%的显著水平下是显著的,而应计盈余管理(AEM)相应的回归系数则不显著。因此,风投支持公司在真实盈余管理上表现出与非风投支持公司更显著的差异。尽管其他盈余管理变量关于风投支持哑变量(TYPE)和风投持股比例(VCS)的回归系数均不显著,但注意到,真实盈余管理的回归系数大于应计盈余管理对应的回归系数。三个真实盈余管理的测度(REM1、REM2、REM3)关于风投支持哑变量(TYPE)的回归系数分别为 0.0311、0.0116 和 0.0297,均高于应计盈余管理对应的回归系数 0.0076;三个真实盈余管理测度(REM1、REM2、REM3)关于风投持股比例(VCS)的回归系数分别为 0.0018、0.0006 和 0.0019,均高于应计盈余管理对应的回归系数 0.0001。这说明在 IPO 筹备期,风投机构更倾向于在真实盈余管理方面影响公司的盈余操控。

(2)在 IPO 当期(IPO),风投机构倾向于影响真实盈余管理行为。在此期间,真实盈余管理(REM1)关于风投支持哑变量(TYPE)的回归系数是显著的(10%的显著水平),而应计盈余管理(AEM)相应的回归系数则不显著。并且,真实盈余管理(REM1)关于风投持股比例(VCS)的回归系数(5%)也是显著的。需要注意的是,三个真实盈余管理测度关于风投支持哑变量(TYPE)的回归系数分别为 0.0377、0.0081 和 0.0402,均高于应计盈余管理对应的回归系数0.0057;三个真实盈余管理测度关于(VCS)的回归系数分别为 0.0029、0.0017 和 0.0032,均高于应计盈余管理对应的回归系数 0.0010。这说明在 IPO 当期,风投机构更倾向于在真实盈余管理方面影响公司的盈余操控。

(3)在锁定期(LOCKUP),风投机构倾向于影响应计盈余管理行为。在此期间,风投支持公司的应计盈余管理(AEM)关于风投持股比例(VCS)的回归系数在 5%的显著水平下是显著的。但真实盈余管理的三个测度,关于 TYPE 和 VCS 均不显著。在此期间,由于真实盈余管理已经减少甚至反转,账面的盈利水平可能开始下滑,公司可能会为了维持或者减少下滑而从应计项目上进行盈余管理。通过对比相对应的回归系数可知,在此期间,应计盈余管理关于 VCS 的回归系数(0.0019)高于真实盈余管理对应的三个系数(0.0008、0.0013、0.0006)。这说明在锁定期风投机构降低了对真实盈余管理的影响。

(4)解锁后退出前(PRESALE),风投机构同时影响应计盈余管理和真实盈余管理行为,但更倾向于影响真实盈余管理行为。实证结果显示,应计盈余管理(AEM)和真实盈余管理的三种测度(REM1、REM2、REM3)对风投支持哑变量(TYPE)均在 5% 或 1% 的显著水平下显著。由此可见,风投支持公司的两种盈余管理行为与非风投支持公司存在显著差异。真实盈余管理的三个测度(REM1、REM2、REM3)和应计盈余管理(AEM)关于风投持股比例(VCS)的回归系数都是显著为正的,因此,风投机构同时影响公司的应计盈余管理和真实盈余管理。

对比真实盈余管理的三个测度(REM1、REM2、REM3)关于风投持股比例(VCS)的回归系数(分别为 0.0021、0.0015 和 0.0024)和应计盈余管理(AEM)关于风投持股比例(VCS)的回归系数(0.0012),可以看出风投机构更倾向于影响公司的真实盈余管理。

对比真实盈余管理(REM1)关于风投持股比例(VCS)在 IPO 当期(IPO)和退出前(PRESALE)的回归系数(分别为 0.0029 和 0.0021),可以看出,风投机构对盈余管理的影响(角色作用)在 IPO 当期(IPO)比退出前(PRESALE)更大。需要注意的是,其他两个真实盈余管理的测度(REM2 和 REM3)也存在类似情况(尽管回归系数不显著),REM2 在两个期间的回归系数分别为 0.0017 和 0.0015,REM3 在两个期间对应的回归系数分别为 0.0032 和 0.0024。

(5)在退出后(POSTSALE),风投支持公司存在真实盈余管理的显著反转。真实盈余管理的三个测度(REM1、REM2、REM3)关于风投支持哑变量（TYPE）（严格来说，是曾经有风投支持）的回归系数均在1%的显著水平下显著为负。正如前文所述，这种反转证实了前面阶段真实盈余管理的存在。

风投机构影响公司盈余管理的倾向汇总如表5-11所示，前四个阶段中有三个倾向于影响公司的真实盈余管理。综合来看，风投机构在IPO各个阶段，影响公司应计盈余管理还是真实盈余管理的倾向也存在动态变化，但更倾向于在真实盈余管理方面影响公司的盈余操控。这验证了H5-5的假设。

表 5-11　风投机构影响所投资公司盈余管理行为的倾向

| 盈余管理行为 | PREIPO | IPO | LOCKUP | PRESALE | POSTSALE |
|---|---|---|---|---|---|
| 应计盈余 | | | 显著 | 显著 | |
| 真实盈余 | 显著、倾向 | 显著、倾向 | | 显著、倾向 | 反转 |

# 第二节　风投影响公司盈余管理 行为的内在制约因素

风投影响公司盈余管理行为的内在制约因素是指与风投机构本身相关的因素，包括风投机构声誉、投资方式、投资网络等，这些因素可能制约风投对公司盈余管理的影响，也可能助长风投对公司盈余管理的影响。风投声誉是风投机构在长期市场交易中形成的，它对于风投机构吸引高质量创业企业、降低交易成本、筹集资金、扩展关系网络发挥至关重要的作用，它是风投机构最重要的内在特征，因此本书重点研究风投声誉对风投影响公司盈余管理的作用。

## 一、理论分析与研究假设

声誉是风投机构的重要无形资产。风投机构的声誉主要表现在所投资的企业,特别是通过 IPO 上市的企业。在兼并、管理层回购、IPO 上市等退出机制中,IPO 上市退出的方式往往带来更好的回报,而良好的业绩对建立及维护声誉非常重要。

声誉对风投机构的资金募集有很大的影响。风投行业相对特殊,多数风投基金采取有限合伙制,这种企业制度要求在 10～13 年左右的生命周期后,清算所有投资并分配投资给合伙人(刘晓明、胡文伟,2010)。因此,风投机构面临后续资金募集的压力。高声誉的风投机构,更容易募集到下一资金。这也使得"年轻"的风投机构急于在短时间内取得业绩以建立声誉。

正如上一节所论述,拟上市公司为了取得上市资格、募集资金、抬高股票发行价,其管理层及主要股东会刻意隐瞒公司的内部信息,美化公司的财务报表以吸引外部投资者。如果风投机构对公司会计信息的质量未能很好地发挥"监督"作用,尤其是事后发生诉讼的话,无疑会给风投机构的声誉带来巨大的损害。特别是高声誉的风投机构,为了维持来之不易的声誉地位,会更倾向于严格监督企业的财务粉饰。因此,如果风投机构发挥监督作用,则高声誉风投机构的监督比低声誉的机构更严格。或者说,高声誉风投对公司盈余管理的边际影响更大。因此,本书提出如下假设:

H5-6:如果风投机构存在"监督作用",高声誉风投抑制公司盈余管理的程度越高。

从另一个角度看,风投机构对声誉的追求也可能为所投资企业带来负面的影响,即"侵害"公司的道德行为,特别是成长中的风投机构。年轻的风投机构为了尽快建立起声誉,难免存在短视行为(Gompers,1996)。逐名理论认为,资金的回收速度和 IPO 的成功率对其风投发展和行业声誉相当重要,因此,相比声誉高且相对成熟的风投机构,"年轻"的风投机构为了尽快实现资金回收和提高其行业声誉,会蓄意放松对公司经理的监管,甚至刺激公司经理的盈余操控,以美化投资企业的经营状况(Gompers,1996)。

此外,即使是高声誉的成熟风投机构,也可能存在短期行为。高声誉的风投机构尽管更看重自身的长远发展,会尽量减少潜在投资者与公司管理者之间的信息不对称,但高声誉的风投机构的规模和实力一般在行业内领先,盈余管理的经验也更丰富,在外部监管松懈时,高声誉的风投机构基于短期利益,也有可能进行盈余管理行为。在这种情况下,由于更具备经验和专业知识,高声誉风投的"侵害"作用比低声誉更明显。

因此,如果风险机构对所投资公司存在侵害的道德行为,高声誉风投机构的边际影响会更高。基于此,本书提出如下假设:

H5-7:如果风投机构存在"道德行为",高声誉风投机构刺激盈余管理的程度越高。

## 二、研究设计

选择风投机构声誉变量(VCR),设计如下回归模型:

$$EM_i = \beta_0 + \beta_1 VCS_i + \beta_2 VCS_i \times VCR_i + \beta_6 CONTROL_i + \varepsilon_i \quad (5\text{-}3)$$

其中,被解释变量 $EM_i$ 分别表示应计盈余管理(AEM)和真实盈余管理的三种测度(REM1、REM2、REM3)。风投机构声誉变量(VCR)

定义如下：

$$VCR=\begin{cases}1,\text{高声誉}\\0,\text{低声誉}\end{cases}$$

模型中，交叉项（VCS×VCR）的回归系数 $\beta_2$ 表示高声誉风投比低声誉风投"额外"的边际影响。容易看出，对于高声誉风投（VCR＝1），持股比例（VCS）对盈余管理的影响为（$\beta_1+\beta_2$）。对于低声誉风投（VCR＝0），持股比例对盈余管理的影响为（$\beta_1$）。因此，$\beta_2$ 表示高声誉风投的"额外"的边际影响。如果 $\beta_2>0$，则意味着声誉因素"助长"了风投对公司盈余管理的影响。如果 $\beta_2<0$，则说明声誉因素"制约"了风投对公司盈余管理的影响。

研究声誉因素对风投影响公司盈余管理的影响，是本书区别于传统研究之处。多数研究将声誉因素（VCR）作为解释变量，分析高、低声誉风投支持公司在盈余管理程度的差异。本书则将声誉因素与持股比例（VCS×VCR）作为解释变量，目的在于分析，如果风投对公司盈余管理施加影响（抑制或者刺激），高声誉风投是否比低声誉风投表现出更强或者更弱的影响，从而达到分析声誉因素是制约还是助长风投盈余管理作为的目的。

关于风投机构声誉度量的研究已经很多，包括从存续时间与从业经验、专业技能、管理的资金规模和历史投资业绩等各个角度，或者综合考虑。Gompers（1996）根据从业时间来衡量风投机构的声誉，从业 6 年以上为高声誉，6 年以下为低声誉。Wongsunwai（2013）采用主成分分析方法，对风投机构的综合变量进行主成分分析，将第一成分和第二成分的因子得分作为风投机构的声誉分值，再根据该分值进行排名。综合变量包括成立年限、管理的资金总额、投资的公司总数、投资总额、首轮投资的公司数量及首轮投资额等。

另外一种常用的方法是采用第三方机构的排名。本书直接采用清科研究中心公布的中国创业投资机构 50 强的排名次序。在分析的当年度进入前 50 名的风投机构,界定为高声誉风投,其他为低声誉风投。如果是多家风投机构联合投资,则以主导风投机构的声誉作为整个风投机构联合体的声誉。

## 三、实证结果与分析

应计盈余管理(AEM)和真实盈余管理(REM1、REM2、REM3)关于风投机构声誉交叉项(VCS×VCR)在各个阶段混合回归的结果汇总如表 5-12 所示。表格只报告了关于交叉项的回归系数、$t$ 统计量及其 $p$ 值。出于篇幅考虑,其他控制变量的回归结果略。

表 5-12　应计盈余管理(AEM)和真实盈余管理(REM1、REM2、REM3)关于风投机构声誉交叉项(VCS×VCR)在各个阶段混合回归的结果汇总

| 因变量 | 解释变量 | PREIPO | IPO | LOCKUP | PRESALE |
|---|---|---|---|---|---|
| AEM | VCS×VCR | 0.0005 | 0.0005 | −0.0015 | 0.0016** |
| | | [0.6347] | [0.3479] | [−1.0677] | [2.2231] |
| | | (0.5259) | (0.7280) | (0.2862) | (0.0263) |
| REM1 | VCS×VCR | 0.0060*** | −0.0005 | −0.0043 | 0.0032** |
| | | [2.7821] | [−0.1806] | [−1.4469] | [2.1890] |
| | | (0.0056) | (0.8568) | (0.1485) | (0.0287) |
| REM2 | VCS×VCR | 0.0039** | −0.0014 | −0.0048** | 0.0010 |
| | | [2.5506] | [−0.5504] | [−2.4679] | [0.9225] |
| | | (0.0110) | (0.5823) | (0.0139) | (0.3564) |
| REM3 | VCS×VCR | 0.0088*** | −0.0017 | −0.0078** | 0.0030 |
| | | [2.8246] | [−0.3858] | [−1.9301] | [1.4192] |
| | | (0.0049) | (0.6998) | (0.0541) | (0.1560) |

注:回归系数的标准误采用怀特异方差一致估计的标准误。[]中的数值为 $t$ 值,()为 $t$ 检验的 $p$ 值。 *、**、*** 分别表示在 10%、5%和 1%的水平上显著。

表 5-12 的实证结果显示,应计盈余管理(AEM)关于风投机构声誉交叉项(VCS×VCR)仅在解锁退出前在 5% 的显著水平下显著为正(0.0016),但在其他阶段并不显著。上节的实证结果已经指出,风投机构倾向于在真实盈余管理方面影响公司的盈余管理,并且存在刺激公司进行盈余管理的道德行为。因此,重点分析在风投影响真实盈余管理方面,风投声誉所发挥的作用。

在 IPO 筹备期,真实盈余管理(REM1、REM2、REM3)关于交叉项(VCS×VCR)的回归系数在 1% 或者 5% 的显著水平下显著为正,分别为 0.0060、0.0039、0.0088。这意味着,高声誉风投机构比低声誉风投机构对盈余管理的边际影响更大。前文已指出,风投机构存在刺激公司盈余管理的道德行为,因此,实证结果说明高声誉风投机构对公司盈余管理的刺激程度越大,这支持了 H5-7 的假设,风投机构存在刺激公司进行盈余操控帮助企业更顺利上市,以追逐声誉的机会主义行为。在我国 IPO 为稀缺资源的环境下,顺利实现 IPO 对风投机构建立和维护声誉具有重要的正向影响。

在 IPO 当期和锁定期两个阶段,需要注意的是,真实盈余管理(REM1、REM2、REM3)关于声誉交叉项(VCS×VCR)的回归系数均为负数。在 IPO 当期,真实盈余管理(REM1、REM2、REM3)关于交叉项(VCS×VCR)的回归系数均不显著,但系数为负,分别为 -0.0005、-0.0014、-0.0017。在锁定期,真实盈余管理(REM2、REM3)关于交叉项(VCS×VCR)的回归系数分别为 -0.0048 和 -0.0078,在 5% 的显著水平下显著。从这两个阶段的实证结果可以看出,高声誉风投机构对公司盈余管理的边际影响比低声誉风投机构低。在 IPO 筹备期更强烈的刺激盈余之后,高声誉风投机构在 IPO 当期(真实盈余管理活动一般需要提前进行)和锁定期的刺激程度有所收敛,比低声誉风投机构更低。

在解锁退出前（PRESALE），真实盈余管理（REM1）关于声誉交叉项（VCS×VCR）的回归系数（0.0032）在 5％显著水平下显著为正。尽管 REM2、REM3 关于交叉项的回归系数不显著，但系数为正。需要注意的是，在该阶段，应计盈余管理（AEM）关于交叉项（VCS×VCR）的回归系数（0.0016）在 5％的显著水平下显著为正。前文指出，在解锁退出前，风投机构存在为实现高退出收益而刺激公司盈余的动机。从表 5-12 的实证结果来看，高声誉风投机构比低声誉风投机构刺激程度更大，边际影响更强。这证实了 H5-7 的假设，风投机构存在刺激公司盈余以实现高项目回报，追逐声誉的机会主义行为。投资项目的高回报，有利于风投机构后续资金的募集，对风投机构声誉的建立也是另一重要的正面影响因素。

综合来看，声誉因素对风投机构刺激公司盈余操控的作用也存在动态变化。在 IPO 筹备期，为了帮助企业顺利获得 IPO 以建立自身声誉，风投机构刺激公司盈余管理的道德行为更强烈；在解锁退出前，为了获得高项目回报以建立自身声誉，风投机构刺激公司盈余管理的道德行为也更强烈；而在 IPO 当期和锁定期两个非直接利益期间，则较为收敛，刺激程度更低。

# 第三节　风投影响公司盈余管理行为的外在制约因素

风投影响公司盈余管理行为的外在制约因素是指除风投机构自身之外的因素，如审计机构和承销商、公司治理环境、公司经理的薪酬契约等，与内在制约因素不同的是，这些因素不是直接制约风投机构，而是制约公司的经理。风投试图影响公司的盈余管理,必须通过公司经理实现,但公司经理是否"愿意"配合风投的作为,则面临着各种因素的制约。例如,公司治理环境越好,公司经理配合风投作为的意愿可能更低。

本节主要分析三个方面的制约因素:审计机构和承销商的制约,公司治理环境的制约,薪酬契约、债务契约和政治成本的制约。当然,这些因素可能制约经理的配合意愿,也可能刺激公司经理更加迎合风投的作为。并且,这些因素在 IPO 各个阶段的作用发挥,也可能存在动态变化。

# 一、理论分析与研究假设

## (一)审计机构和承销商的制约

### 1.审计机构声誉

审计机构对 IPO 公司盈余管理的治理作用源于两个理论。一个是 Titman 和 Trueman(1986)于 1986 年提出的审计师信号理论,该理论认为企业 IPO 时,投资者对企业的真实情况并不了解,而企业通过所选择的审计师的质量向市场传递有关企业真实价值的相关信号,即企业的真实价值越高、会计信息质量越好,企业更倾向于选择更好的审计机构。审计机构的质量就作为一个信号传递给投资者,"暗示"着有关企业真实价值的信息。审计机构的质量越好,对企业的盈余管理程度的抑制能力越强。

另一个理论是 Dye 于 1993 年提出的审计质量模型。Dye(1993)将审计师责任、审计质量、审计费用模型化,并认为审计机构的声誉越高,可能遭受的诉讼风险越大,因此,为了避免声誉受损,审计机构会努力提高审计质量。Morsfield 和 Tan(2006)、Gioielli 和 Carvalho(2013)指出,外部审计机构如果不能识别或者防止会计错报失真,将会严重损害其自身的声誉。因此,享有高声誉的审计机构具有强烈的动机来监督其审计的公司,抑制其盈余管理行为。

因此,公司审计机构声誉越高,公司经理面临着越严厉的监督。如果风投存在刺激公司盈余管理的道德行为,出于对审计机构严厉监督的忌惮,公司经理配合风投作为的意愿越低。也即,高声誉审计机构的存在将会抑制风投对公司盈余管理程度的刺激影响。基于此,本书提出如下假设:

H5-8:审计机构声誉越高,风投机构刺激公司盈余管理的程度越低。

2.承销商声誉

承销商作为证券市场上的一个重要金融中介,一向被认为具有信息生产和质量认证的作用,可以显著地降低发行公司和潜在投资者之间的信息不对称。但是对于潜在投资者而言,承销商具有信息优势,潜在投资者和承销商之间也存在信息不对称。承销商的声誉是其专业素养和职业操守的一个信号,不仅减少了潜在投资者和承销商的信息不对称(增加承销商的可信度),也为承销商带来了"声誉租金"(Chemmanur and Fulghieri,1994)。Booth 和 Smith(1986)于 1986 年提出承销商认证中介理论,他们在证券发行市场引进产品市场的声誉理论,指出证券市场的承销商一般具有认证作用。后来的学者普遍将承销商作为 IPO 公司盈余管理的一种外部监督机制。

Chang 等(2010)指出承销商声誉与 IPO 公司上市当年的盈余管理程度呈现显著的负相关关系,承销商声誉反向影响公司的盈余管理。声誉高的承销商有较高的声誉资本,因此它对 IPO 公司的认证标准更高,并且对 IPO 公司的盈余管理行为的抑制能力也更强,以此来保护自身的声誉,避免潜在的诉讼风险;另一方面,如果 IPO 公司的盈余管理动机较强,为了躲避更严格的监督,IPO 公司会倾向于选择低声誉的承销商。Lee 和 Masulis(2011)研究发现,承销商声誉与 IPO 公司上市前一年的盈余管理程度负相关,并且声誉高的承销商与声誉高的风投机构合作能够更加显著地降低 IPO 公司的盈余管理程度,承销商与风投机构的声誉呈现互补关系。

与国外的研究相比,对中国的承销商认证作用的有效性研究仍存在较大的争议。尽管证监会发布的《关于修改〈证券发行上市保荐业务管理办法〉的决定》中明确规定了承销商(推荐人)在发行证券中的监督功能与作用,但是对于国内的承销商的声誉治理机制的实证结果,却存在不同的结论。刘江会等(2005)实证发现我国承销商的"认证中介"职能严重缺位,徐春波(2008)采用三种不同的标准衡量我国的承销商声誉,也发现承销商声誉与 IPO 企业质量的正相关关系不存在。Chen 和 Shi 等(2013)则发现,如果 IPO 公司是非国有企业,则承销商的声誉越高,IPO 前的盈余管理程度越低;但是对于国有企业,这种负相关关系并不成立。

综合来看,在确保财务报告信息真实这一点上,主承销商的出发点与审计机构是一致的。享有高声誉的主承销商,具有强烈的动机来监督其承销的公司,也将在风投机构刺激盈余管理的道德行为上起更大的抑制作用。从公司经理的角度看,主承销商声誉越高,公司经理面临着越严厉的监督。如果风投存在刺激公司盈余管理的道德行为,同样出于对严厉监督的忌惮,公司经理配合风投作为的意愿越低。基于此,本书提出如下假设:

H5-9:主承销商声誉越高,风投机构刺激公司盈余管理的程度越低。

## (二)公司治理环境的制约

公司治理是解决委托代理问题的一系列制度安排,包括法律制度、公司控制权、董事会、监事会、管理者报酬、股权结构、信息披露等安排。其中,董事会、监事会和股权结构与盈余管理的关系为多数研究所关注。

### 1.董事会及监事会

董事会规模是公司治理的一个重要方面,是公司治理效率的重要因素(Lipton and Lorsch,1992;Jensen,1993)。董事会承担着重要的职责,既要监督公司沿着既定的战略目标发展,也承担着对公司管理的监督。董事会对公司财务报告的质量无疑有着主要的责任,对公司的盈余管理起着直接的作用。对某些股东意图影响公司财务信息质量的行为也是起着直接的作用。但董事会规模的大小与盈余管理的相关关系在实证结论中并不一致。董事会规模的大小正向影响盈余管理的实证研究包括 Dechow 等(1991)、刘立国(2003)等。Beasley 和 Mark(1996)、Dechow 等(1995)研究指出,董事会的规模与盈余管理程度正相关。蔡宁和梁丽珍(2003)认为,董事会规模越大,监督管理层的机会越小,管理层进行盈余管理的可能性越大。负向影响的研究也存在,如Abbott 等(2004)、吴清华和王平心(2007)等。梁杰等(2004)、薛云奎和程敏(2006)研究发现,董事会规模与盈余管理程度并不存在显著的相关性。董事会规模过小限制了其他股东参与公司治理,使得董事会容易被内部人操作,对盈余管理难以起监督作用;反之,董事会规模较大,更容易起到监督作用。但是,董事会规模越大,沟通和协调的难度也越大,"搭便车"和决策低下的问题也更易出现,会限制监督作用的发挥。

监事会与董事会并立,独立行使对董事会和管理层等的监督。其第一项职能就是,对公司财务的合法性进行监督。监事会是由股东大会选举的监事以及由公司职工民主选举的监事组成的。理论上来说,监事会是公司治理中独立的监督机构。但在现实中,我国上市公司的监事会并不能有效地履行自己的职责。一方面,监事会成员主要来自公司内部人员,行政关系受制于公司董事会和管理层,很难发挥监督的独立性;另一方面,股东大会选举的监事一般代表大股东的利益。此外,监事会的职权较小,并没有权力任免董事会及管理层成员,行使监督权时经常受到各种约束。尽管如此,监事会规模的大小仍然对盈余管理起着直接影响。并且,通常与董事作为主要因素,用以分析和解释公司的盈余管理。当然,不同研究的结论并不一致。

在董事会各要素中,对公司盈余管理影响最大的是独立董事的比例。独立董事一般具有良好的专业知识,相对于其他董事而言,独立董事对公司的监督更有效。对于独立董事的引进,投资者期望得到外部的监督和决策上的支持。早期的研究,如 Fama(1980)、Fama 和 Jensen(1983)提出董事会构成理论,预测了独立董事的比例越高,董事会对管理层的监督越有效。Jensen(1993)研究指出公司的独立董事能有效地监督管理层的机会主义行为。Beasley 和 Mark(1996)指出独立董事比例越高,IPO 公司发生财务欺诈的可能性越低。近期的研究,如 Ronal 等(2004)和 Peasnell 等(2005)等发现,独立董事对经理的监督作用抑制了公司的财务舞弊,提高了公司的盈余质量。但也有不少研究,如 Donaldson 和 Davis(1994),未能得到实证上的证据。

董事会和监事会对公司的监督,一方面,对风投试图刺激公司盈余管理的"道德行为"起监督和抑制作用;另一方面,抑制了公司经理"配合"风投作为的意愿。因此,本书提出如下假设:

H5-10：公司治理水平越高，风投机构刺激公司盈余管理的程度越低。

2.股权集中度

股权结构，尤其是大股东和控股股东持股比例，是影响公司盈余管理的另外一个公司治理因素。股权结构很大程度上影响着企业的治理效率，大股东和控股股东往往对企业的筹资、投资、分配等重要决策起着绝对的影响。根据经典的企业产权理论，企业的所有权结构对整个企业的经营绩效和管理层的经营理念、行为方式有非常明显的影响，因此，企业的产权结构也会积极地或者消极地影响企业的盈余管理行为和程度。对于股权高度分散的企业，其公司治理的关键就是经理人和股东之间的委托代理冲突；而在股权高度集中的企业，控股股东凭借着自身对企业的控制力和主导地位，可能会侵害非控股股东的利益，于是经理人和股东之间的委托代理问题就转变成大股东和小股东之间的利益冲突，尤其在我国上市公司的盈余管理行为方面，这种冲突表现更为突出（陈小林、林昕，2011）。

大股东或者控股股东利用控制权，侵占公司资源，谋取私利等问题已经在不少研究中得到证实。谋取私利的一个重要手段就是盈余管理（张兆国 等，2009）。大股东的持股比例越高，公司的盈余管理程度也越高，这在多数实证研究中得到支持。La Porta 等（1999）研究发现，股权集中度越高，盈余管理程度越大，盈余信息的质量越差，对投资者的损害也越大。Fan(2007)将第一大股东的持股比例作为股权集中度，研究指出股权集中度与盈余管理程度呈现正相关关系。Fan 和 Wong (2002)选取东亚各国为研究样本，研究发现东亚公司的股权高度集中，同时存在金字塔式和交叉持股的股权结构，导致外部利益者和控股股东之间的利益矛盾非常尖锐，控股股东为了维护自身的利益就可能进行盈余管理。苏卫东等(2004)指出,上市公司第一大股东的持股比例越高,上市公司的管理费用越高,经营者的机会主义越严重,即盈余管理程度越高。

因此,如果风投存在试图刺激公司盈余管理的道德行为,可能与大股东的利益不谋而合。因此,本书提出如下假设:

H5-11:大股东持股比例越高,风投机构刺激公司盈余管理的程度越高。

### (三)薪酬契约、债务契约和政治成本的制约

#### 1.薪酬契约

正如第四章所论述,在公司所有权和经营权分离的现代企业制度下,公司股东和经理之间存在利益冲突,为了降低委托—代理的成本以调和两者之间的利益冲突,公司股东和经理签订以公司经营业绩为基础的薪酬契约(Jensen and Meckling,1976)。薪酬契约赋予管理层一定的剩余索取权,目的是缓冲及调和股东与管理层的利益冲突。

管理层的薪酬契约必然建立在企业的会计信息基础上,尤其是企业经营绩效的财务指标。管理层根据这些指标的表现,按照契约上的剩余索取权获得个人报酬。因此,在个人私利的驱动下,经理不可避免地存在操控企业会计信息调整盈余的潜在动机,这已在多数实证研究中得到证实。在公司经营绩效表现优秀、成长性较高时,管理层操控盈余的意愿相对较弱;而在公司经营绩效表现一般、成长性较低时,管理层则存在强烈的动机进行盈余操控。Morsfield 和 Tan(2006)研究指出,在公司的成长阶段,公司管理者和控股股东可能会采取一定策略来减少公司的盈余管理行为,以便在未来取得更大的收益。

正如前文所论述,风投机构通过强化或者降低对管理层的监督水

平,抑制或者刺激管理层的盈余管理操控。公司经营绩效表现处于好和不好的不同状态,公司经理对风投机构的"作为"也会表现出不同的配合意愿。如果公司处于经营绩效表现优秀且成长性好的状态,对于风投机构试图刺激盈余管理的"道德行为",则公司经理配合的意愿可能不高,因为良好的公司绩效已经为其带来了丰厚的报酬,并且,职业经理人必须顾及自身的职业声誉。如果公司处于经营绩效表现不好的状态,公司经理则更愿意配合风投机构刺激盈余管理的"道德行为"。因此,本书提出如下假设:

H5-12:公司经营绩效越高,风投机构刺激公司盈余管理的程度越低。

2.债务契约

债权契约假设是影响公司盈余管理的一个重要因素。Watts 和 Zimmerman(1986)提出实证会计著名的债务契约假说,即企业负债增加时,公司经理存在操控企业盈余的动机。该假说得到众多实证研究的支持,包括应计盈余管理方面(Defond and Jiambalvo,1994; Sweeney,1994)和真实盈余管理方面(Roychowdhury,2006)。

债权人出借资金获得相对固定的利息回报,而公司取得资金,只有投资于回报率比利率更高的项目才有利可图,因此公司倾向于选择更高风险的投资项目。出于对债务人道德风险的考量,为了限制或者降低股东的高风险行为、降低债权人收回到期本息的不确定性,债权人会与公司签订一些附加的限制性条款,包括企业的资产负债率、利息保证倍数、营运资本等。如果公司违背契约,债权人可以实施加息或者提前收回本金的惩罚。公司的负债比率越高,限制性条款越严格,则公司违背契约的可能性也越大,因此,企业进行盈余管理的动机越强烈,以避免被惩罚(李增福、曾庆意,2011)。Roychowdhury(2006)的实证研究发现,对于美国上市公司,资产负债率与真实盈余管理正相关,即公司负债比率越高,企业盈余管理程度越高。

当然,资产负债比率越高,也意味着债权人对公司经营状况的关注度更高。出于对这种关注的忌惮,公司经理也可能降低其盈余管理。并且,严格的债务契约能在某种程度上改善公司的治理水平,也因此限制公司经理的盈余管理(陆正飞 等,2008)。

当风投机构通过强化或者降低对管理层的监督水平来抑制或者刺激管理层的盈余管理操控时,公司的债务比率越高,面临的债务契约越严格,公司经理对风投机构的"作为"也会表现出更强的配合意愿。因此,本书提出如下的假设:

H5-13:公司资产负债率越高,风投机构刺激公司盈余管理的程度越高。

3.政治成本

政治成本也是公司盈余管理的动因之一,这在多数实证研究中得到支持。Jones(1991)发现,为了获得政府进口补贴,在补贴部门的调查期间,公司存在调减盈余的行为。Cahan(1992)也发现,反垄断调查对公司的盈余管理存在显著影响,公司随着政治成本变动进行相应的盈余操控。Key(1997)对有线电视公司的研究发现,在国会对有线电视行业的调查期间,有线电视公司倾向于调减盈余,以规避政治风险。Makar 和 Alam(1998)发现,为了避免成为公众专注的对象,许多公司存在调减盈余的现象,尤其是在经济上行期间。

政治成本假设的研究,通常将该动机与公司规模相联系。公司规模越大,通常占有的市场份额越高,也越容易被监管机构和公众关注,因此,公司调减盈余的动机也越强烈。公司利润是反垄断或补贴等调查的关键考量因素。

当风投机构通过强化或者降低对管理层的监督水平来抑制或者刺激管理层的盈余管理操控时,公司规模越大,为了规避监管机构和公共关注,公司经理进行盈余管理的动机越弱,对风投机构的刺激作为也将表现出更弱的意愿。因此,本书提出如下的假设:

H5-14:公司规模越大,风投机构刺激公司盈余管理的程度越低。

## 二、研究设计

### (一)基本实证模型

为了研究外在制约因素在风投公司影响公司盈余管理的过程中所产生的作用,设计如下基本回归模型:

$$EM_i = \beta_0 + \beta_1 VCS_i + \beta_2 VCS_i \times FACTOR_i +$$
$$\beta_6 CONTROL_i + \varepsilon_i \qquad (5\text{-}4)$$

其中,被解释变量 $EM_i$ 分别表示应计盈余管理(AEM)和真实盈余管理的三种测度(REM1、REM2、REM3);FACTOR 表示前文所分析的外在制约因素,包括审计机构和承销商的制约、公司治理环境的制约、薪酬契约、债务契约和政治成本的制约。具体的变量选择将在下一小节详细介绍。

模型 5-4 中,交叉项(VCS×FACTOR)的回归系数 $\beta_2$ 表示外在制约因素(FACTOR)导致的"额外"的边际影响。回归模型 5-4 中,风投持股比例的回归系数为 $\beta_1 + \beta_2 \times FACTOR$,因此,$\beta_2$ 表示制约因素(FACTOR)1 单位的变化(增加或者减少),风投持股的边际影响增加或者减少 $\beta_2$ 单位;如果 $\beta_2 > 0$,则意味着该因素"助长"了风投对公司盈余管理的影响。如果 $\beta_2 < 0$,这说明因素"制约"了风投对公司盈余管理

的影响,基本思路与研究声誉因素类似。

## (二)变量选择

审计机构与承销商声誉变量选择与第四章相同。审计机构声誉(AUDITOR)的计算,根据中国注册会计师协会发布的年度《中国会计师事务所综合评价前百家信息》的排名次序,排名前十的取 1,其他取0。主承销商声誉的计算,采用(Carter and Manaster,1990)的 C—M综合指数算法,根据中国证券业协会公布的 2002—2010 年度证券公司数据计算综合排名,排名前十的取 1,其他取 0。

公司治理环境的变量选择董事会规模(DB)、独立董事占比(WIB)、监事会规模(SB)和大股东持股比例(S1)。其中,董事会规模(DB)为董事会成员的人数;独立董事占比(WIB)为独立董事人数除以董事会总人数;监事会规模(SB)为监事会成员人数;大股东持股比例(S1)为当年最大股东的持股比例。

选择主营业务收入增长率(GROWTH)、销售现金比率(PER-FORMR)和资产回报率(ROA)来衡量公司的经营绩效,其中,主营业务收入增长率(GROWTH)为公司当年主营业务收入相对上年的增长率,销售现金比例(PERFORMR)为经营活动净现金流量除以主营业务收入,资产回报率(ROA)为公司当年净利润除以当年资产总额。选择资产负债率(LEVERAGE)反映公司的总体负债规模,资产负债率(LEVERAGE)为公司当年负债总额除以当年资产总额。选择公司规模(SIZE)作为政治成本制约的代理变量,公司规模(SIZE)为公司总资产的自然对数。

外部制约变量(FACTOR)分别选择上述变量,并与风投持股比例交叉相乘,作为回归模型 5-4 的解释变量。

## 三、实证结果与分析

### (一)审计机构和主承销商制约的结果分析

应计盈余管理(AEM)和真实盈余管理(REM1、REM2、REM3)关于审计机构声誉和承销商声誉的两个交叉项(VCS×AUDITOR、VCS×UNDERWRITER)在各个阶段混合回归的结果汇总如表 5-13 所示。

表 5-13　应计盈余管理(AEM)和真实盈余管理(REM1、REM2、REM3)关于交叉项(VCS×AUDITOR、VCS×UNDERWRITER)在各个阶段混合回归结果汇总

| 因变量 | 解释变量 | PREIPO | IPO | LOCKUP | PRESALE |
|---|---|---|---|---|---|
| AEM | VCS×AUDITOR | −0.0002<br>[−0.1841]<br>(0.8540) | −0.0009<br>[−0.5708]<br>(0.5683) | −0.0022*<br>[−1.9197]<br>(0.0554) | −0.0000<br>[−0.0143]<br>(0.9886) |
| REM1 | VCS×AUDITOR | −0.0014<br>[−0.6374]<br>(0.5241) | −0.0007<br>[−0.2623]<br>(0.7932) | −0.0029<br>[−1.0522]<br>(0.2932) | −0.0018<br>[−1.2955]<br>(0.1953) |
| REM2 | VCS×AUDITOR | −0.0022<br>[−1.2176]<br>(0.2239) | −0.0001<br>[−0.0380]<br>(0.9697) | −0.0003<br>[−0.1857]<br>(0.8527) | −0.0014<br>[−1.6425]<br>(0.1006) |
| REM3 | VCS×AUDITOR | −0.0033<br>[−0.9192]<br>(0.3584) | −0.0005<br>[−0.1298]<br>(0.8968) | −0.0041<br>[−1.2158]<br>(0.2246) | −0.0031*<br>[−1.8680]<br>(0.0619) |
| AEM | VCS×UNDERWRITER | −0.0006<br>[−0.8857]<br>(0.3762) | −0.0002<br>[−0.1851]<br>(0.8532) | −0.0041**<br>[−2.5659]<br>(0.0106) | |
| REM1 | VCS×UNDERWRITER | 0.0007<br>[0.3498]<br>(0.7266) | 0.0033<br>[1.4330]<br>(0.1524) | 0.0011<br>[0.3005]<br>(0.7639) | |
| REM2 | VCS×UNDERWRITER | 0.0006<br>[0.4145]<br>(0.6787) | 0.0027<br>[1.3254]<br>(0.1855) | 0.0003<br>[0.1453]<br>(0.8845) | |

续表

| 因变量 | 解释变量 | PREIPO | IPO | LOCKUP | PRESALE |
|---|---|---|---|---|---|
| REM3 | VCS×UNDERWRITER | 0.0009<br>[0.2892]<br>(0.7725) | 0.0057*<br>[1.6605]<br>(0.0973) | 0.0037<br>[0.8504]<br>(0.3955) | |

注:回归系数的标准误采用怀特异方差一致估计的标准误。[]中的数值为 $t$ 值,()为 $t$ 检验的 $p$ 值。 * 、** 、*** 分别表示在 10%、5% 和 1% 的水平上显著。

表 5-13 的结果显示,应计盈余管理关于风投持股比例与审计机构声誉交叉项(VCS×AUDITOR)仅在锁定期(LOCKUP)在 10% 的显著水平下显著为负(-0.0022),真实盈余管理(REM3)仅在解锁退出前(PRESALE)在 10% 的显著水平下显著为负(-0.0031)。因此,审计机构对风投机构的道德行为起抑制作用的实证证据是比较弱的。尽管如此,实证结果显示应计盈余管理(AEM)和真实盈余管理三个测度(REM1、REM2、REM3)关于该交叉项的回归系数都是负的。因此,审计机构对风投机构试图刺激盈余操控的"道德行为"起着抑制作用,尽管证据较弱,但假设 H5-8 成立。

由于承销商的作用主要体现在 IPO 前后相邻的阶段,表 5-13 仅给出前三个阶段的混合回归结果。从表 5-13 的实证结果来看,承销商对风投机构"道德行为"起抑制作用是难以成立的,甚至是相反的作用。

应计盈余管理(AEM)关于交叉项(VCS×UNDERWRITER)的回归系数均为负,其中锁定期(LOCKUP)的回归系数在 5% 的显著水平下显著(-0.0041)。这说明,承销商对风投机构刺激应计盈余管理的"道德行为"起抑制作用,这也是多数研究的结论。正如前文所述,应计盈余管理是对账面进行操控,事后更容易被审计机构所识别,因此,承销商在应计项目盈余操控方面,不至于"冒险"不作为。

但承销商对风投机构刺激真实盈余管理的"道德行为"却不起抑制作用。真实盈余管理(REM1、REM2、REM3)关于交叉项(VCS×UN-

DERWRITER)的回归系数却均为正,尤其是 REM3 在 IPO 当期的回归系数在 10% 的显著水平下显著(0.0057)。需要注意的是,在 IPO 筹备期和 IPO 当期,真实盈余管理关于交叉项的回归系数绝对值均高于(不低于)应计盈余管理对应的系数。应计方面的负向作用,被真实方面的正向作用抵消。在我国风投市场,风投机构不仅提供风险资金,同时往往借助其专业知识上的优势,为所投资企业提供公司治理等方面的帮助和服务,包括推荐上市前的准备(如建议和推荐承销商)。因此,风投机构对承销商的选择具有一定的话语权,这为承销商不能完全抑制风投机构"道德行为"提供了一种可能的解释。从实证结果来看,假设 H5-9 不成立,尽管不能得到承销商甚至助长风投机构"道德行为"的结论,但至少可以认为,承销商对这种道德行为不起抑制作用。

(二)公司治理环境制约的结果分析

应计盈余管理(AEM)和真实盈余管理(REM1、REM2、REM3)关于董事会和监事会的交叉项(VCS×DB、VCS×WIB、VCS×SB)在各个阶段混合回归的结果汇总如表 5-14 所示,关于股权结构交叉项(VCS×S1)在各个阶段混合回归的结果汇总如表 5-15 所示。

表 5-14　应计盈余管理(AEM)和真实盈余管理(REM1、REM2、REM3)关于董事会和监事会的交叉项(VCS×DB、VCS×WIB、VCS×SB)在各个阶段混合回归的结果汇总

| 因变量 | 解释变量 | IPO | LOCKUP | PRESALE |
|---|---|---|---|---|
| AEM | VCS×DB | −0.0007<br>[−1.4282]<br>(0.1538) | −0.0009<br>[−1.6396]<br>(0.1017) | 0.0000<br>[−0.0677]<br>(0.9460) |
| AEM | VCS×WID | 0.0099<br>[1.0875]<br>(0.2772) | 0.0026<br>[0.4618]<br>(0.6444) | 0.0019<br>[0.2731]<br>(0.7848) |

续表

| 因变量 | 解释变量 | IPO | LOCKUP | PRESALE |
|---|---|---|---|---|
| AEM | VCS×SB | 0.0003<br>[0.4756]<br>(0.6345) | 0.0001<br>[0.1424]<br>(0.8868) | 0.0001<br>[0.2319]<br>(0.8166) |
| REM1 | VCS×DB | −0.0007<br>[−0.6493]<br>(0.5164) | −0.0003<br>[−0.1450]<br>(0.8847) | −0.0007<br>[−1.5143]<br>(0.1301) |
| REM1 | VCS×WID | −0.0239<br>[−1.0377]<br>(0.2998) | −0.0253<br>[−1.3027]<br>(0.1933) | −0.0206<br>[−1.2210]<br>(0.2222) |
| REM1 | VCS×SB | −0.0002<br>[−0.1560]<br>(0.8761) | −0.0002<br>[−0.1066]<br>(0.9151) | −0.0010*<br>[−1.7480]<br>(0.0806) |
| REM2 | VCS×DB | 0.0000<br>[−0.0376]<br>(0.9700) | −0.0006<br>[−0.5887]<br>(0.5563) | −0.0006*<br>[−1.7384]<br>(0.0823) |
| REM2 | VCS×WID | −0.0163<br>[−0.6654]<br>(0.5060) | −0.0081<br>[−0.8490]<br>(0.3963) | −0.0198*<br>[−1.7211]<br>(0.0853) |
| REM2 | VCS×SB | −0.0001<br>[−0.0663]<br>(0.9471) | −0.0006<br>[−0.3313]<br>(0.7405) | −0.0008*<br>[−1.8119]<br>(0.0701) |
| REM3 | VCS×DB | −0.0002<br>[−0.0835]<br>(0.9335) | −0.0002<br>[−0.1004]<br>(0.9200) | −0.0009<br>[−1.3207]<br>(0.1867) |
| REM3 | VCS×WID | −0.0306<br>[−0.8170]<br>(0.4142) | −0.0232<br>[−0.9882]<br>(0.3235) | −0.0462<br>[−2.0924]<br>(0.0365) |
| REM3 | VCS×SB | −0.0002<br>[−0.1421]<br>(0.8870) | −0.0012<br>[−0.3660]<br>(0.7145) | −0.0017**<br>[−2.0298]<br>(0.0425) |

注:回归系数的标准误采用怀特异方差一致估计的标准误。[]中的数值为 $t$ 值,()为 $t$ 检验的 $p$ 值。*、**、*** 分别表示在 10%、5% 和 1% 的水平上显著。

表 5-15　应计盈余管理(AEM)和真实盈余管理(REM1、REM2、REM3)关于大股东
持股比例交叉项(VCS×S1)在各个阶段混合回归的结果汇总

| 因变量 | 解释变量 | IPO | LOCKUP | PRESALE |
|---|---|---|---|---|
| AEM | VCS×S1 | 0.0000 [0.2280] (0.8197) | 0.0000 [0.1019] (0.9189) | 0.0000 [1.2488] (0.2118) |
| REM1 | VCS×S1 | 0.0001 [0.9066] (0.3650) | 0.0002 [1.5860] (0.1133) | 0.0002 *** [3.2577] (0.0011) |
| REM2 | VCS×S1 | 0.0001 [1.4955] (0.1353) | 0.0001 [1.3090] (0.1911) | 0.0002 *** [4.6112] (0.0000) |
| REM3 | VCS×S1 | 0.0002 [1.1580] (0.2473) | 0.0003 * [1.6814] (0.0933) | 0.0003 *** [3.9265] (0.0001) |

注:回归系数的标准误采用怀特异方差一致估计的标准误。[ ]中的数值为 $t$ 值,( )为
$t$ 检验的 $p$ 值。 * 、** 、*** 分别表示在 10%、5%和 1%的水平上显著。

表 5-14 的实证结果显示,应计盈余管理(AEM)关于董事会和监事会的交叉项(VCS×DB、VCS×WIB、VCS×SB)在各个阶段均不显著。并且,只有董事会交叉项的回归系数为负。实证的证据并不支持董事会和监事会的公司治理安排对风投机构刺激盈余管理存在约束。当然,前文已经分析,风投机构倾向于在真实盈余管理方面进行影响。

对于真实盈余管理,实证证据支持了假设 H5-10。董事会和监事会对风投机构的"道德行为"存在监督和抑制,尤其是在解锁退出前的时期。真实盈余管理(REM1、REM2、REM3)关于监事会规模交叉项(VCS×SB)的回归系数在 10%或 5%显著水平下显著为负,回归系数分别为 -0.0010、-0.0008、-0.0017,这说明监事会规模越大,风投机构的边际影响越低,风投机构为获得股权减持或者退出收益而试图影响公司盈余管理的道德行为受到监事会的监督和抑制。真实盈余管理(REM2)关于董事会规模交叉项(VCS×DB)的回归系数在 10%的显

著水平下显著为负($-0.0006$)。真实盈余管理(REM2、REM3)关于独立董事占比交叉项(VCS×WID)的回归系数分别在 10% 和 5% 的显著水平下显著为负,回归系数分别为 $-0.0198$ 和 $-0.0462$。这意味着,公司的董事会规模越大,独立董事占比越大,风投机构的边际影响越低。风投机构为获得股权减持或者退出收益而试图影响公司盈余管理的道德行为受到董事会和独立董事的监督和抑制。对比回归系数的绝对值可知,独立董事交叉项的回归系数绝对值高于其他两项回归系数,可见独立董事的抑制和监督作用更大。进一步看,尽管不显著,但是表 5-14 的结果显示,REM1、REM2、REM3 关于董事会和监事会的交叉项(VCS×DB、VCS×WIB、VCS×SB)在各个阶段混合回归的系数均为负。

因此,对于真实盈余管理方面,假设 H5-10 成立。风投机构倾向于在真实经营活动方面影响公司的盈余操控,但影响程度随着公司治理水平的提高而减弱。

对于大股东持股比例,表 5-15 的结果显示,应计盈余管理(AEM)关于股权结构交叉项(VCS×S1)的回归系数均不显著,并且回归系数非常小,但回归系数为正。但对于真实盈余管理,实证证据支持假设 H5-11。在锁定期,真实盈余管理(REM3)关于股权结构交叉项(VCS×S1)的回归系数在 10% 的显著水平下显著为正(0.0003)。在解锁退出前,三个真实盈余管理测度(REM1、REM2、REM3)关于股权结构交叉项(VCS×S1)的回归系数在 1% 的显著水平下显著为正,分别为 0.0002、0.0002 和 0.0003。这意味着,在可以进行减持或者退出的阶段,大股东持股比例越高,风投机构的边际影响越强。在一定程度上,风投机构对公司盈余管理的刺激得到大股东的支持而增强。

（三）薪酬契约、债务契约和政治成本制约的结果分析

1.薪酬契约制约的结果分析

应计盈余管理（AEM）和真实盈余管理（REM1、REM2、REM3）关于资产回报率、销售现金比率和公司成长性三个交叉项（VCS×ROA、VCS×PERFORMR、VCS×GROWTH）在各个阶段混合回归的结果汇总如表 5-16 所示。

表 5-16　应计盈余管理（AEM）和真实盈余管理（REM1、REM2、REM3）关于交叉项（VCS×ROA、VCS×PERFORMR、VCS×GROWTH）各个阶段混合回归的结果汇总

| 因变量 | 解释变量 | PREIPO | IPO | LOCKUP | PRESALE |
|---|---|---|---|---|---|
| AEM | VCS×ROA | $-0.0241^{***}$<br>$[-2.8555]$<br>$(0.0045)$ | $-0.0570^{**}$<br>$[-1.8984]$<br>$(0.0581)$ | $-0.0051$<br>$[-0.6487]$<br>$(0.5168)$ | $-0.0389^{***}$<br>$[-2.9691]$<br>$(0.0030)$ |
| AEM | VCS×PERFORMR | $-0.0362^{***}$<br>$[-6.1602]$<br>$(0.0000)$ | $-0.0786^{***}$<br>$[-5.6516]$<br>$(0.0000)$ | $-0.0046^{**}$<br>$[-2.3825]$<br>$(0.0176)$ | $-0.0342^{***}$<br>$[-8.9403]$<br>$(0.0000)$ |
| AEM | VCS×GROWTH | $0.0000$<br>$[-0.0361]$<br>$(0.9712)$ | $-0.0111^{**}$<br>$[-2.3316]$<br>$(0.0200)$ | $-0.0008^{***}$<br>$[-78.9738]$<br>$(0.0000)$ | $-0.0039^{***}$<br>$[-2.6452]$<br>$(0.0082)$ |
| REM1 | VCS×ROA | $-0.0045$<br>$[-0.1982]$<br>$(0.8429)$ | $-0.1817^{***}$<br>$[-3.0480]$<br>$(0.0024)$ | $-0.0106$<br>$[-0.4136]$<br>$(0.6793)$ | $-0.0663^{**}$<br>$[-2.5472]$<br>$(0.0109)$ |
| REM1 | VCS×PERFORMR | $-0.0508^{***}$<br>$[-3.7177]$<br>$(0.0002)$ | $-0.1076^{***}$<br>$[-7.1922]$<br>$(0.0000)$ | $-0.0107^{***}$<br>$[-2.8338]$<br>$(0.0048)$ | $-0.0514^{***}$<br>$[-7.5733]$<br>$(0.0000)$ |
| REM1 | VCS×GROWTH | $-0.0003$<br>$[-0.0720]$<br>$(0.9426)$ | $-0.0046$<br>$[-0.8768]$<br>$(0.3809)$ | $-0.0004^{***}$<br>$[-20.6230]$<br>$(0.0000)$ | $-0.0005$<br>$[-0.1942]$<br>$(0.8461)$ |
| REM2 | VCS×ROA | $-0.0083$<br>$[-0.4585]$<br>$(0.6468)$ | $-0.1018^{**}$<br>$[-1.7515]$<br>$(0.0804)$ | $-0.0134$<br>$[-0.8222]$<br>$(0.4113)$ | $-0.0262$<br>$[-1.6060]$<br>$(0.1084)$ |

续表

| 因变量 | 解释变量 | PREIPO | IPO | LOCKUP | PRESALE |
|---|---|---|---|---|---|
| REM2 | VCS×PERFORMR | −0.0399 *** <br> [−4.2063] <br> (0.0000) | −0.0914 *** <br> [−5.5622] <br> (0.0000) | −0.0062 ** <br> [−2.4829] <br> (0.0133) | −0.0391 ** <br> [−8.0946] <br> (0.0000) |
| REM2 | VCS×GROWTH | −0.0035 <br> [−0.9722] <br> (0.3314) | −0.0067 <br> [−1.1670] <br> (0.2437) | −0.0011 *** <br> [−80.3695] <br> (0.0000) | −0.0005 <br> [−0.3287] <br> (0.7424) |
| REM3 | VCS×ROA | −0.0021 <br> [−0.0649] <br> (0.9483) | −0.2329 ** <br> [−2.5255] <br> (0.0118) | −0.0180 <br> [−0.6151] <br> (0.5388) | −0.0759 ** <br> [−2.5141] <br> (0.0120) |
| REM3 | VCS×PERFORMR | −0.0483 *** <br> [−2.7903] <br> (0.0054) | −0.1151 *** <br> [−6.5767] <br> (0.0000) | −0.0112 *** <br> [−2.6286] <br> (0.0088) | −0.0485 *** <br> [−6.1483] <br> (0.0000) |
| REM3 | VCS×GROWTH | −0.0053 <br> [−0.7894] <br> (0.4302) | −0.0007 <br> [−0.0903] <br> (0.9281) | −0.0005 *** <br> [−23.6952] <br> (0.0000) | −0.0044 <br> [−1.4192] <br> (0.1560) |

注:回归系数的标准误采用怀特异方差一致估计的标准误。[]中的数值为 $t$ 值,()为 $t$ 检验的 $p$ 值。*、**、*** 分别表示在10%、5%和1%的水平上显著。

表5-16 的结果显示,在 IPO 当期,应计盈余管理 AEM 关于资产回报率交叉项(VCS×ROA)、销售现金比率交叉项(VCS×PERFORMR)、公司成长性交叉项(VCS×GROWTH)的回归系数在5%或1%的显著水平下显著为负,回归系数分别为−0.0570、−0.0786、−0.0111;真实盈余管理(REM1、REM2、REM3)关于资产回报率(VCS×ROA)、销售现金比率(VCS×PERFORMR)的回归系数在5%或1%的显著水平下显著,回归系数分别为−0.1817、−0.1076、−0.1018 和 −0.0914、−0.2329、−0.1151。真实盈余管理关于成长性交叉项(VCS×GROWTH)的回归系数不显著,但符号为负。

在解锁退出前,应计盈余管理 AEM 关于资产回报率交叉项(VCS×ROA)、销售现金比率交叉项(VCS×PERFORMR)、公司成长性交叉项(VCS×GROWTH)的回归系数在 1% 的显著水平下显著为负,回归系数分别为 -0.0389、-0.0342、-0.0039;真实盈余管理(REM1、REM2、REM3)关于资产回报率交叉项(VCS×ROA)、销售现金比率交叉项(VCS×PERFORMR)的回归系数在 5% 或 1% 的显著水平下显著(其中 REM2 关于 VCS×ROA 的回归系数 -0.0262 不显著),回归系数分别为 -0.0663、-0.0514、-0.0262 和 -0.0391、-0.0759、-0.0485。这些回归系数均为负值。真实盈余管理关于成长性交叉项(VCS×GROWTH)不显著,但符号为负。

从这两个阶段的实证结果来看,公司的经营绩效越好,风投机构刺激盈余操控"道德行为"的程度越低。也即,公司的经营绩效越好,经理人盈余管理的动机减弱,对风投机构刺激公司盈余管理的"配合"意愿也减弱。

从 IPO 筹备期和锁定期两个阶段也能得到类似的但较弱的实证证据。应计盈余管理(AEM)在 IPO 筹备期关于资产回报率交叉项(VCS×ROA)、销售现金比率交叉项(VCS×PERFORMR)的回归系数显著为负,在锁定期关于销售现金比率交叉项(VCS×PERFORMR)、公司成长性交叉项(VCS×GROWTH)的回归系数也显著为负。真实盈余管理(REM1、REM2、REM3)在锁定期关于销售现金比率交叉项(VCS×PERFORMR)、公司成长性交叉项(VCS×GROWTH)也显著为负。

因此,综合来看,假设 H5-12 得到证实。公司经营绩效越高,风投机构刺激公司盈余管理的程度越低。

在第一节的分析中,风投机构倾向于在真实盈余管理方面影响公司的盈余操控。因此,经理人的"不愿意"配合,也会在真实盈余管理方面得到体现。表 5-16 的结果显示,在 IPO 当期和解锁退出前两个时期,真实盈余管理关于三个交叉项的回归系数绝对值,均明显高于应计盈余管理对应的回归系数。例如,真实盈余管理(REM1、REM2、REM3)关于资产回报率交叉项(VCS×ROA)的回归系数(显著)分别为−0.1817、−0.1018和−0.2329,应计盈余管理(AEM)对应的回归系数为−0.0570。前者的绝对值远高于后者的绝对值。

2.债务契约制约的结果分析

应计盈余管理(AEM)和真实盈余管理(REM1、REM2、REM3)关于资产负债率交叉项(VCS×LEVERAGE)在各个阶段混合回归的结果汇总如表5-17所示。

表5-17 应计盈余管理(AEM)和真实盈余管理(REM1、REM2、REM3)关于交叉项(VCS×LEVERAGE)在各个阶段混合回归的结果汇总

| 因变量 | 解释变量 | PREIPO | IPO | LOCKUP | PRESALE |
|---|---|---|---|---|---|
| AEM | VCS×LEVERAGE | −0.0019 [−0.7554] (0.4503) | −0.0117*** [−2.6699] (0.0078) | 0.0156*** [3.0441] (0.0025) | 0.0009 [0.4636] (0.6430) |
| REM1 | VCS×LEVERAGE | 0.0015 [0.2104] (0.8334) | 0.0066 [1.1422] (0.2538) | 0.0129 [0.8700] (0.3847) | 0.0129*** [3.1689] (0.0015) |
| REM2 | VCS×LEVERAGE | 0.0006 [0.1124] (0.9105) | 0.0038 [0.5507] (0.5820) | 0.0138 [1.5441] (0.1232) | 0.0060** [2.1025] (0.0356) |
| REM3 | VCS×LEVERAGE | 0.0031 [0.3296] (0.7418) | 0.0076 [0.8889] (0.3744) | 0.0141 [0.8471] (0.3073) | 0.0143*** [2.8162] (0.0049) |

注:回归系数的标准误采用怀特异方差一致估计的标准误。[]中的数值为$t$值,()为$t$检验的$p$值。*、**、***分别表示在10%、5%和1%的水平上显著。

表5-17的实证结果显示,对于应计盈余管理,债务契约假设在各个阶段并不能得到一致的证据。应计盈余管理(AEM)关于交叉项资产负债率(VCS×LEVERAGE)的回归系数在IPO当期显著为负(−0.0019),但在锁定期显著为正(0.0156)。其他两个阶段不显著,但

在 IPO 期间为负,解锁退出前为正。综合来看,对于应计盈余管理,债务契约对风投机构影响公司盈余操控的约束作用并不能得到一致结论。但前文已经指出,风投机构倾向于在真实盈余管理方面进行影响。

对于真实盈余管理,结论是一致的,但证据是弱的。真实盈余管理(REM1、REM2、REM3)关于资产负债率交叉项(VCS×LEVERAGE)的回归系数在各个时期都是正的,但仅仅在解锁退出前,真实盈余管理(REM1、REM2、REM3)关于公司资产负债率(VCS×LEVERAGE)的回归系数在 1‰ 或 5% 的显著水平下显著,回归系数分别为 0.0129、0.0060、0.0143。因此,风投机构倾向于在真实盈余管理方面进行影响,由于债务契约的作用,公司管理层存在意愿"配合"风投机构的作为。负债比例越高,债务契约压力越大,公司管理层配合的意愿越强。这在一定程度上支持了假设 H5-13,公司资产负债率越高,风投机构刺激公司真实盈余管理的程度越高。

3.政治成本制约的结果分析

应计盈余管理(AEM)和真实盈余管理(REM1、REM2、REM3)关于公司规模交叉项(VCS×SIZE)在各个阶段混合回归的结果汇总如表 5-18 所示。

表 5-18　应计盈余管理(AEM)和真实盈余管理(REM1、REM2、REM3)
关于交叉项(VCS×SIZE)在各个阶段混合回归的结果汇总

| 因变量 | 解释变量 | PREIPO | IPO | LOCKUP | PRESALE |
|---|---|---|---|---|---|
| AEM | VCS×SIZE | 0.0007 [1.2552] (0.2099) | 0.0034*** [3.1201] (0.0019) | 0.0000 [0.0175] (0.9860) | 0.0014*** [3.2159] (0.0013) |
| REM1 | VCS×SIZE | −0.0067*** [−3.8799] (0.0001) | −0.0015 [−0.7435] (0.4575) | −0.0012 [−0.4712] (0.6377) | −0.0016* [−1.7342] (0.0830) |

续表

| 因变量 | 解释变量 | PREIPO | IPO | LOCKUP | PRESALE |
|---|---|---|---|---|---|
| REM2 | VCS×SIZE | −0.0041 ***<br>[−3.4955]<br>(0.0005) | 0.0000<br>[−0.0027]<br>(0.9978) | −0.0003<br>[−0.1887]<br>(0.8504) | −0.0010<br>[−1.4672]<br>(0.1424) |
| REM3 | VCS×SIZE | −0.0085 ***<br>[−3.6662]<br>(0.0003) | −0.0011<br>[−0.3562]<br>(0.7218) | −0.0013<br>[−0.3946]<br>(0.6933) | −0.0022 *<br>[−1.8871]<br>(0.0593) |

注：回归系数的标准误采用怀特异方差一致估计的标准误。[]中的数值为 $t$ 值，()为 $t$ 检验的 $p$ 值。*、**、*** 分别表示在 10%、5% 和 1% 的水平上显著。

对于应计盈余管理，政治成本假设的约束不成立，甚至是相反的。在 IPO 当期和解锁退出前，应计盈余管理（AEM）关于公司规模交叉项（VCS×SIZE）的回归系数在 1% 的显著水平下显著为正，回归系数分别为 0.0034 和 0.0014。尽管不显著，但在 IPO 筹备期和锁定期的回归系数也为正。这意味着，风投支持公司的规模越大，风投持股比例的边际影响更大。也即，对风投机构道德行为的配合意愿越强。这个结论并不支持政治成本假设对风投机构约束的假设。正如 Hochberg（2012）指出，公司规模越大，财务报告越复杂，进行盈余管理的手段和空间也越大，因此可能利用这个特点来进行盈余管理行为。当然，前文已经指出，风投更倾向于在真实盈余管理方面作为。

对于真实盈余管理，在 IPO 筹备期，真实盈余管理（REM1、REM2、REM3）关于公司规模交叉项（VCS×SIZE）的回归系数在 1% 的显著水平下显著，回归系数分别为 −0.0067、−0.0041、−0.0085；解锁退出前，真实盈余管理（REM1、REM3）关于公司规模（VCS×SIZE）的回归系数在 10% 的显著水平下显著，回归系数分别为 −0.0016 和 −0.0022。并且，真实盈余管理（RME1、REM2、REM3）关于交叉项的所有回归系数均为负。这意味着，公司规模越大，公司管理层越不愿意配合风投机构对盈余管理的刺激。真实盈余管理是对真实的经营活动进行调整,会改变公司的现金流,公司规模越大,监管机构和公众的关注度越高,公司进行真实盈余管理(比如降价促销等活动)越容易被注意到,因而,公司管理层配合风投机构进行真实盈余管理的动机越弱。因此,对于真实盈余管理,H5-14 的假设成立,政治成本假设的约束作用成立。

# 第四节　本章小结

本章主要研究风投影响公司盈余管理行为的动态变化。主要包括:(1)风投机构对公司在 IPO 各阶段的盈余管理是否存在影响,是存在监督的抑制作用,还是侵害的"道德行为";(2)风投机构影响公司盈余管理在行为方式上的倾向,是倾向于影响应计盈余管理还是真实盈余管理;(3)风投机构影响公司盈余管理的过程中,所面临的各种制约或助长因素。采用混合回归的实证方法对上述问题进行分析,主要研究结论包括:

1.关于风投影响公司盈余管理程度的结果

在 IPO 筹备期和 IPO 当期,风投支持公司比非风投支持公司有更高的盈余管理程度。风投的持股比例越高,平均而言,风投支持公司的盈余管理程度越高。风投支持公司有提高 IPO 前会计收益,从而达到上市标准以实现 IPO 的动机。风投表现出机会主义的"道德行为"。

在解锁退出前,样本证据表明风投支持公司存在更高的盈余管理。并且,无论对于应计盈余管理还是真实盈余管理,风投持股比例越高,则风投支持公司的盈余管理程度越高,这意味着,风投机构在退出之前有着提高当前会计收益从而获得更高退出收益的强烈动机。

在退出后,真实盈余管理程度存在显著的反转,证实了曾经有风投支持的公司存在着比非风投支持公司更高的盈余管理。并且,这个反转不仅仅是使企业盈余恢复真实水平,甚至会因受到侵害,而使企业盈余比真实的正常水平更低。总之,风投机构存在着"侵害"的"道德行为"。

2.关于风投影响公司盈余管理行为的结果分析

在IPO筹备期和IPO当期,风投机构倾向于影响真实盈余管理行为。在锁定期,风投机构倾向于影响应计盈余管理行为。在解锁后退出前,风投机构同时影响应计盈余管理和真实盈余管理行为,但更倾向于影响真实盈余管理行为。

综合来看,风投机构在IPO各个阶段,影响公司应计盈余管理还是真实盈余管理的倾向也存在动态变化,但更倾向于在真实盈余管理方面对公司进行盈余操控。

3.关于风投影响公司盈余管理行为的内在制约因素

综合来看,声誉因素对风投机构刺激公司盈余操控的作用存在动态变化。在IPO筹备期,高声誉风投机构比低声誉风投机构对盈余管理的边际影响更大。风投机构存在刺激公司进行盈余操控从而帮助企业更顺利上市,以追逐声誉的机会主义行为。在IPO当期和锁定期,高声誉风投机构对公司盈余管理的边际影响比低声誉风投机构低。在IPO筹备期更强烈的盈余管理刺激之后,高声誉风投机构在IPO当期和锁定期的刺激程度有所收敛。在解锁退出前,高声誉风投机构比低声誉风投机构对盈余管理的刺激程度更高,边际影响更强。风投机构存在刺激公司盈余从而实现高项目回报,以追逐声誉的机会主义行为。

4.关于风投影响公司盈余管理行为的外在制约因素

(1)关于审计机构和主承销商的制约。审计机构对风投机构试图刺激盈余操控的"道德行为"起着抑制作用,但证据较弱。实证证据不支持承销商对风投机构"道德行为"起抑制作用,风投机构对承销商的选择具有一定的话语权是一种可能的解释。

(2)关于公司治理环境的制约。对于公司治理,董事会和监事会对风投机构的"道德行为"存在监督和抑制,尤其是在解锁退出前。公司的董事会规模越大,独立董事占比越高,风投机构的边际影响越低。风投机构为获得股权减持或者退出收益而试图对公司经理进行影响的道德行为受到董事会和独立董事的监督和抑制。风投机构倾向于在真实经营活动影响公司的盈余操控,但影响程度随着公司治理水平的提高而降低。但在可以减持或者退出的阶段,大股东持股比例越高,风投机构的边际影响越强,风投机构对公司盈余管理的刺激得到大股东的支持甚至放大,虽然程度很低。

(3)关于薪酬契约、债务契约和政治成本制约。公司的经营绩效越好,风投机构刺激盈余操控"道德行为"的程度越低,也即,公司的经营绩效越好,经理人盈余管理的动机减弱,对风投机构影响IPO盈余管理的"配合"意愿也减弱。对于真实盈余管理,债务契约起助长作用。由于债务契约的作用,公司管理层存在意愿"配合"风投机构对盈余管理的影响。负债比例越高,债务契约压力越大,公司管理迎合风投作为的意愿越强,也即,公司资产负债率越高,风投机构刺激公司真实盈余管理的程度越高。对于真实盈余管理,政治成本的考量起约束作用。公司规模越大,管理层越不愿意配合风投机构对盈余管理的刺激。公司规模越大,被监管机构和公众关注越多,公司进行真实盈余管理(比如降价促销等活动)越容易被注意到,因而,公司经理配合风投机构进行真实盈余管理的动机越弱。

# 第六章　研究结论与政策建议

本章对全书进行归纳总结,首先归纳和总结全书的主要研究结论,其次根据研究结论提出相应的政策建议,最后分析本研究存在的局限和不足之处,并指出未来的研究方向。

## 第一节　研究结论

本书以风险投资的两个重要承载主体作为研究对象,即风投支持公司和风投机构,研究风投支持公司盈余管理行为的动态变化以及风投机构影响公司盈余管理行为的动态变化。主要的研究结论包括:

### 一、关于风投支持公司的盈余管理行为博弈的结论

(1)风投支持公司的经理对应计盈余管理监督水平调整的敏感度小于对真实盈余管理水平调整的敏感度。风投对公司的应计和真实盈余管理实施监督,但监督水平呈现动态变化(加强或者减弱)。公司经理对变化的监督水平作出相应的反映(减弱或者增强)。但对于同等的

监督水平上的变化,在真实盈余管理上反应的程度比在应计盈余管理上反应的程度更高。

(2)公司经理在盈余管理操控中,为了更能适应风投监督的动态变化,在应计和真实两种盈余管理行为的权衡选择中,会倾向于选择真实盈余管理,因为对真实盈余管理的监督更敏感、更"灵敏"。

(3)经理的最优真实盈余管理程度随着应计盈余管理程度的增加而减少,两者存在着此消彼长的关系。由于 IPO 各阶段风投的监督水平在动态变化,公司经理的盈余管理随之变化,在盈余管理行为的选择上,可能存在真实和应计盈余管理的交替和并存,但更多表现为真实盈余管理。

(4)在均衡状态下,风投影响真实盈余管理的边际成本,比影响应计盈余管理的边际成本更低。由于公司经理对真实盈余管理的监督更为敏感,风投对真实盈余管理施加影响的边际成本更低,真实盈余管理的监督的微小变化,比应计盈余管理的监督的同等单位变化,更容易引起公司经理盈余管理操控更大幅度的变化。因此,风投则倾向对真实盈余管理施加影响,影响可以是抑制或者刺激。

## 二、关于风投支持公司盈余管理程度、盈余管理行为动态变化的结论

1.关于盈余管理程度的动态变化的结论

IPO 公司在各个阶段的盈余管理表现出动态变化,IPO 当期盈余管理程度高于其他各阶段,锁定期和解锁退出前没有立即出现较大程度的盈余管理的反转,但在退出后阶段出现明显的反转。实证表明,在 IPO 期间,公司存在为顺利实现上市而进行盈余操控的 IPO 动机。

风投支持公司的盈余管理程度的动态性比无风投支持公司更强烈。IPO当期与其他阶段在盈余管理程度上的差异,高于无风投支持公司相应的差距。并且,风投支持公司在退出阶段表现出更显著的反转。

2.关于盈余管理行为权衡的动态变化的结论

实证结果支持了博弈模型的结果。风投支持公司在IPO各阶段,存在着应计盈余管理和真实盈余管理交替并存的现象,在并存的情况下,更倾向于真实盈余管理活动。在IPO筹备期,应计盈余管理和真实盈余管理并存,但倾向于真实盈余管理;在IPO当期,存在应计盈余管理;在锁定期,应计盈余管理和真实盈余管理的证据不充分;在解锁退出前,应计盈余管理和真实盈余管理并存,但倾向于真实盈余管理;在退出后,真实盈余管理出现更大程度的反转。

# 三、关于风投影响公司盈余管理程度、盈余管理行为动态变化的结论

1.关于风投影响公司盈余管理程度的结果

在IPO筹备期和IPO当期,风投支持公司比非风投支持公司有更高的盈余管理程度。风投的持股比例越高,盈余管理程度越高。风投支持公司有提高IPO前会计收益,从而达到上市标准以实现IPO的动机,表现出机会主义的"道德行为"。在解锁退出前,风投支持公司存在更高的盈余管理,并且风投持股比例越高,盈余管理程度也越高,风投机构在退出之前有着提高当前会计收益,从而获得更高退出收益的强烈动机。在退出后阶段,真实盈余管理程度存在显著的反转。总之,风投机构存在着"侵害"的"道德行为"。

2.关于风投影响公司盈余管理行为的结果

在 IPO 筹备期和 IPO 当期,风投机构倾向于影响真实盈余管理行为。在锁定期,风投机构倾向于影响应计盈余管理行为。在解锁后退出前,风投机构同时影响应计盈余管理和真实盈余管理行为,但更倾向于影响真实盈余管理行为。风投机构在 IPO 各个阶段影响公司应计盈余管理还是真实盈余管理的倾向,也存在动态变化。

3.关于风投影响公司盈余管理行为的内在制约因素的结论

声誉因素对风投机构刺激公司盈余操控的作用存在动态变化。在 IPO 筹备期,高声誉风投机构比低声誉风投机构对盈余管理的边际影响更大。风投机构存在刺激公司进行盈余操控帮助企业更顺利上市,以追逐声誉的机会主义行为。在 IPO 当期和锁定期两个阶段,高声誉风投机构对公司盈余管理的边际影响比低声誉风投机构低。在解锁退出前,高声誉风投机构比低声誉风投机构刺激程度更高,边际影响更强。风投机构存在刺激公司盈余从而实现高项目回报,以追逐声誉的机会主义行为。

4.关于风投影响公司盈余管理行为的外在制约因素的结论

审计机构对风投机构试图刺激盈余操控的"道德行为"起着抑制作用,但证据较弱。实证证据不支持承销商对风投机构"道德行为"起抑制作用。

对于公司治理,董事会和监事会对风投机构的"道德行为"存在监督和抑制,尤其是在解锁退出前的时期。公司董事会的规模越大,独立董事的占比越大,风投机构的边际影响越低。但在可以减持或者退出的阶段,大股东持股比例越高,风投机构的边际影响越强,风投机构对公司盈余管理的刺激得到大股东的支持甚至放大,虽然程度很低。

公司的经营绩效越好,风投机构刺激盈余操控"道德行为"的程度越低。公司的经营绩效越好,经理人盈余管理的动机越弱,对风投机构影响IPO盈余管理的"配合"意愿也越弱。对于真实盈余管理,债务契约起助长作用。由于债务契约的作用,公司管理层存在意愿"配合"风投机构影响盈余管理。对于真实盈余管理,政治成本的考量起约束作用。公司规模越大,管理层越不愿意配合风投机构对盈余管理的刺激。

# 第二节　政策建议

根据本书的研究结论,结合我国上市公司监管实际情况以及风险投资行业的发展态势,对监管部门、风投机构、创投企业提出如下政策建议。

## 一、进一步完善会计准则及财务监管制度

从研究结论看,风投支持公司在不同阶段采用的盈余管理行为不尽相同,但大部分都是在会计准则运行范围内的盈余管理行为,尽管应计盈余管理容易被外界所识别。过去几年,我国虽然对诸如资产减值、收入确认等准则都做了不少的补充与修改,但仍有必要根据新形势下出现的公司盈余管理行为进一步完善会计准则,以缩小盈余管理的空间。

财务监管制度,尤其是对上市公司的财务监管应该予以高度重视。目前,我国证监会虽然对上市公司的财务审计已提出了更高要求,但考虑承销商、会计师事务所、注册会计师的独立性以及难以避免由于长期

服务于特定上市公司而导致的财务审计质量不完整等现象,财务监管部门有必要出台更为严厉的财务监管细则,对承销商、审计机构等外部相关机构在财务审计质量上提出更高要求,同时制定更为严厉的处罚措施,一旦发现公司的财务报表出现盈余管理行为,根据情节轻重追究相关机构的法律责任。同时,对公司管理层追究法律责任应该建立良性的运作机制,确保财务监管具有威慑性,提高公司经理人、风投机构等利益机构进行盈余管理的成本。

## 二、加强对风投机构投资理念的引导及规范

研究结论显示风投机构在 IPO 不同阶段具有刺激公司经理进行盈余操控的潜在动机,尤其在 IPO 当期与解锁退出前的动机尤为强烈。成功 IPO 并获得高投资收益率、高声誉都成为风投机构进行刺激盈余管理的重要动机。正确引导风险投资机构的投资理念,应该由政府相关部门、风险投资行业协会共同牵头,建立相应的引导机制,采用生动案例、法律讲解等多样化的培训引导方式,使得风险投资机构从投资理念上改变自我,从风险管控上自我约束。尤其是对成立年限较短的风投机构更应该予以重视及正确引导。

## 三、健全公司治理结构,形成有效的抑制盈余管理内部机制

确实落实股东会、董事会、监事会、管理层的职责,形成相互制衡、有效监督、协助发展的公司治理结构。尤其在董事会和监事会的运行机制、独立性方面,创投公司应该予以高度重视并落实。对董事会独立董事席位的设计以及确保独立董事的独立性,对抑制及监督公司盈余

管理具有显著作用。在目前大部分 IPO 公司的董事会结构上，独立董事大部分都是来自财务、法律及相关专业的专业人士，财务专业的独立董事对公司盈余管理的识别能力明显高于其他专业的独立董事，从这一方面可以抑制公司盈余管理。因此，建议在上市公司董事会内均配置财务专业的独立董事。

此外，董事会、独立董事之所以不能有效识别公司财务数据的真实性及有效性，可能与其专业能力不足存在一定的关系，但更主要的原因在于我国不能有效建立针对董事会、专业独立董事的追责制度。创投公司有必要建立追责制，对于不作为、失责的董事会或独立董事可以采用追责制追究其相关责任，逐步健全完善公司治理结构。从长远看，建立健全公司治理机构，形成抑制公司盈余管理的内部机制，对于防范监督公司经理人等利益群体从事盈余管理是一项重要且有效的举措。

# 第三节　研究局限和研究展望

## 一、研究局限

本书在风投支持公司的盈余管理行为博弈模型中充分考虑了风投这一特殊机构投资者，但其他股东尚未能进一步区分大股东和小股东。现有的三方博弈模型已经充分地体现了经理对于盈余管理行为的权衡。

本书研究风投影响公司盈余管理行为的内在制约因素仅局限于风投声誉。虽然风投声誉是风投机构重要的内在特征，但投资方式、投资网络等特征依然会影响风投机构的决策,由于篇幅有限,本书未能将这些重要特征纳入研究。

本书仅限于研究制造业的样本公司,但正如前文关于样本数据所述,在2002—2010年的IPO上市公司中,信息技术行业(行业类别代码G)是第二大类具有风投支持背景的公司(41家具有风投支持背景)。信息技术业与制造业明显存在行业的差异,因此本书研究结果局限于制造业。

## 二、研究展望

在今后的研究中,可以把大股东作为独立的博弈方,其他小股东作为另一独立博弈方,构建包括公司经理、风投机构、大股东、其他小股东在内的四方博弈模型,将会使得相关研究更为深入。当然,大股东和其他小股东的博弈问题、大股东的侵害行为和小股东保护问题等都是财务领域较大的研究问题。

博弈模型假设股东认为公司经理忌惮外部监管机构对应计盈余管理的严厉监督,因此认为股东侧重实施对真实盈余管理的监督,将对应计盈余管理的监督做外生化这一假设。虽然大多文献都基于这一假设进行研究,但本书研究已经指出,尽管公司经理倾向于进行真实盈余管理,但在某些阶段,应计和真实盈余管理行为是并存的。在未来的研究中,可以将股东实施应计盈余管理监督放松外生化的假设。此外,研究样本可以拓展到其他行业,以期得到关于风投支持公司盈余管理行为的更丰富的研究结果。

研究风险投资方式、投资网络等特征对风投影响公司盈余管理行为的作用,可以得到更丰富的研究成果,因为投资方式和网络是风投的重要特征。

总之,本书在博弈模型设计、研究样本、研究深度存在一定的局限性,在未来可以针对这些研究局限展开更深入的研究,为风投支持公司盈余管理的研究提供一定的拓展。

# 参考文献

蔡宁,梁丽珍,2003.公司治理与财务舞弊关系的经验分析[J].财经理论与实践,11:25-29.

陈建歧,2001.论盈余管理[J].事业财会(4):52-54.

陈千里,2008.股权激励,盈余操纵与国有股减持[J].中山大学学报(社会科学版),48(1):149-155.

陈韶君,2003.上市公司盈余管理透视[J].广西会计(10):15-17.

陈武朝,王可昕,2011.我国上市公司盈余管理时间选择的实证研究[J].中国会计评论,9(2):211-224.

陈祥有,2010.风险投资与IPO公司盈余管理行为的实证研究[J].财经问题研究,1:64-69.

陈小悦,肖星,2000.配股权与上市公司利润操纵[J].经济研究,1:30-36.

陈晓,戴翠玉,2004.A股亏损公司的盈余管理行为与手段研究[J].中国会计评论,2(2):299-310.

陈小林,林昕,2011.盈余管理,盈余管理属性与审计意见——基于中国证券市场的经验证据[J].会计研究(6):77-85.

陈晓,李静,2001.地方政府财政行为在提升上市公司业绩中的作用探析[J].会计研究(12):20-28.

陈宇学,2001.对会计信息相关性与可靠性的认识[J].经济理论与经济管理,11:53-56.

成思危,2002.中国风险投资业形成,发展的战略思考[M].北京:民主与建设出版社.

程小可,郑立东,2013.内部控制能否抑制真实活动盈余管理?——兼与应计盈余管理之比较[J].中国软科学,3:120-131.

戴捷敏,孔玉生,2008.配股公司盈余管理行为分析——来自2001年-2005年沪深两市的经验证据.[J].审计与经济研究(1):71-75.

邓凤姣,邓凤兰,2003.盈余管理基本涵义的再探讨[J].财会通讯(综合版),1:007.

杜滨,李若,2002.中国证券市场上市公司关联交易的实证研究[C]//中国会计与财务问题国际研讨会论文集.北京:中国财政经济出版社:253-264.

杜传文,叶乃杰,2010.基于创业投资视角的中小企业版IPO效应研究[M].杭州:浙江社会科学出版社.

房四海,2010.风险投资与创业板[M].北京:机械工业出版社.

顾兆峰,2000.论盈余管理[J].财经研究,3(3):33-38.

郭倩,2010.我国创业投资对中小企业板IPO的"认证作用"研究[J].经济论坛(1):177-180.

黄福广,李西文,2012.风险资本持股对中小板上市公司IPO盈余管理的影响[J].管理评论,24(8):29-39.

蒋义宏,1998.上市公司利润操纵实证研究——EPS和ROE临界点分析[C]//上海财经大学上市公司研究论丛.

蒋义宏,2002.会计信息失真的现状,成因与对策研究:上市公司利润操纵实证研究[M].北京:中国财政经济出版社.

寇祥河,潘岚,丁春乐,2009.风险投资在中小企业 IPO 中的功效研究
　　[J].证券市场导报(5):19-25.

李彬,张俊瑞,2009.会计弹性与真实活动操控的盈余管理关系研究
　　[J].管理评论,21(6):99-107.

李延喜,包世泽,2008.薪酬激励、董事会监管与上市公司盈余管理
　　[J].南开管理评论,10(6):55-61.

李增福,曾庆意,2011.债务契约、控制人性质与盈余管理[J].经济评论,
　　6:88-96.

李增福,董志强,2011.应计项目盈余管理还是真实活动盈余管
　　理? ——基于我国 2007 年所得税改革的研究[J].管理世界(1):
　　121-134.

李增福,郑友环,2010.避税动因的盈余管理方式比较——基于应计项
　　目操控和真实活动操控的研究[J].财经研究,36(6):80-89.

李志文,宋衍蘅,2002.中国上市公司的"变脸"现象[C]//中国会计与财
　　务问题国际研讨会论文集.北京:中国财政经济出版社.

李玉华,葛翔宇,2013.风险投资参与对创业板企业影响的实证研究
　　[J].当代财经(1):75-84.

梁杰,王璇,2004.现代公司治理结构与会计舞弊关系的实证研究[J].南
　　开管理评论,6:47-51.

林舒,魏明海,2000.中国 A 股发行公司首次公开募股过程中的盈利管
　　理[J].中国会计与财务研究,2(2):87-130.

刘景章,项江红,2012.风险投资与中国 IPO 公司盈余管理行为的实证
　　研究——基于深圳和香港创业板的数据[J].产经评论(4):151-160.

刘立国,杜莹,2003.公司治理与会计信息质量关系的实证研究[J].会
　　计研究(2):28-36.

刘启亮,何威风,2011.IFRS 的强制采用、新法律实施与应计及真实盈余管理[J].中国会计与财务研究,13(1):57-87.

刘晓明,胡文伟,2010.风险投资声誉、IPO 折价和长期业绩:一个研究综述[J].管理评论,11(22):9-20.

陆建桥,1999.中国亏损上市公司盈余管理实证研究[J].会计研究(9):25-35.

刘江会,尹伯成,易行健,2005.我国证券承销商声誉与 IPO 企业质量关系的实证分析[J].财贸经济,3:9-16.

陆建桥,2000.我国证券市场中会计研究的实证发现——1999 年度实证会计研究综述[J].会计研究,8:55-59.

陆正飞,魏涛,2006.配股后业绩下降:盈余管理后果与真实业绩滑坡[J].会计研究(8):52-59.

陆正飞,祝继高,2008.盈余管理、会计信息与银行债务契约[J].管理世界(3):151-160.

罗玫,陈运森,2010.建立薪酬激励机制会导致高管操纵利润吗[J].中国会计评论(1):3-16.

孙刚,2012.机构投资者持股动机的双重性与企业真实盈余管理[J].山西财经大学学报,34(6):114-124.

孙铮,王跃堂,1999.资源配置与盈余操纵之实证研究[J].财经研究,4(3):118-121.

苏卫东,黄晓艳,2005.第一大股东与上市公司经营者机会主义实证研究[J].金融与经济(7):12-14.

索玲玲,杨克智,2011.风险投资与首次公开募股公司盈余管理的关系——基于创业板上市公司数据[J].南京审计学院学报,8(2):47-55.

唐运舒,谈毅,2008.风险投资、IPO 时机与经营绩效——来自香港创业板的经验证据[J].系统工程理论与实践,7:33-39.

王良成,2014.应计与真实盈余管理:替代抑或互补[J].财经理论与实践,35(188):66-72.

王倩,2009.论高管薪酬契约动机与上市公司盈余管理[J].四川经济管理学院学报(3).34-36.

王跃堂,王亮亮,贡彩萍,2009.所得税改革,盈余管理及其经济后果[J].经济研究,3:86-98.

王志强,刘星,2003.上市公司 IPO 盈余管理与其后期市场表现的实证分析[J].经济管理(18):78-81.

吴清华,王平心,2007.公司盈余质量:董事会微观治理绩效之考察——来自我国独立董事制度强制性变迁的经验证据[J].数理统计与管理(1):30-41.

魏明海,2000.盈余管理基本理论及其研究述评[J].会计研究,9(5):37-42.

肖虹,2008.上市公司关联方交易盈余管理实证研究[J].财会月刊(4):6-9.

徐宗宇,2000.上市公司盈利预测可靠性的实证研究[M].上海:上海三联书店.

徐春波,2008.证券发行管制与承销商声誉缺失[J].金融经济(理论版)(5):6-7.

薛云奎,程敏,2006.盈余管理,公司治理和国有企业改革——来自上市公司国有股权变更的经验证据[C]//中国会计学会 2006 年学术年会论文集.

叶康涛,2007.盈余管理与所得税支付:基于会计利润与应税所得之间差异的研究[J].中国会计评论,4(2):205-224.

杨旭东,莫小鹏,2006.新配股政策出台后上市公司盈余管理现象的实证研究[J].会计研究(8):44-51.

于海燕,李增泉,2001.会计选择了盈余管理——来自上海股市四项准备的实证研究[J].上市公司(1):37-42.

张丰,2009.创业投资对中小企业板 IPO 影响的实证研究[J].经济与管理研究(5):10-19.

张景安,2008.风险投资与中小企业技术创新研究[M].北京:科学出版社.

张田余,1998.上市公司扭亏现象透视[N].中国证券报,6:24.

张晓东,2008.政治成本、盈余管理及其经济后果——来自中国资本市场的证据[J].中国工业经济(8):109-119.

张昕,2008.中国亏损上市公司第四季度盈余管理的实证研究[J].会计研究(4):25-32.

张兆国,刘晓霞,2009.公司治理结构与盈余管理——来自中国上市公司的经验证据[J].中国软科学(1):122-133.

周长青,章永,2001.盈余管理测度研究综述[J].石家庄经济学院学报,24(3):263-268.

朱朝晖,许文瀚,2018.管理层语调是否配合了盈余管理行为[J].广东财经大学学报,33(1):115-119.

张静,陈淑芳,2021.股权激励、机构投资者异质性与真实盈余管理——基于沪深 A 股上市公司的实证研究[J].兰州大学学报(社科版),49(2):71-82.

ABARBANELL J,LEHAVY R,2003.Can stock recommendations predict earnings management and analysts' earnings forecast errors

[J].Journal of accounting research,41(1):1-31.

ABBOTT L J, PARKER S, 2004.Peters G F. Audit committee characteristics and restatements[J]. Auditing: a journal of practice &. theory, 23(1): 69-87.

AHARONY J,LEE C W J,WONG T J,2000.Financial packaging of IPO firms in China[J].Journal of accounting research, 38(1):103-126.

ALLEN F, FAULHABER G R,1989.Signaling by underpricing in the IPO market[J].Journal of financial economics,23(2):303-323.

ALBERTO D A,ANTONIO G,STEFANOB,2013.Grandstanding and Spinning in VC-Backed IPOs on AIM UK[R].Working paper,Bocconi University.

ANDERSON, RONALD C, SATTAR A, et al.,2004.Board characteristics, accounting report integrity, and the cost of debt[J]. Journal of accounting and economics,37(3): 315-342.

BARRY C B, MUSCARELLA C J, PEAVY Ⅲ J W.,1990.The role of venture capital in the creation of public companies:evidence from the going public process[J].Journal of financial economics,27(2):447-471.

BARTH M E,ELLIOT J A, FINN M W, 1999.Market rewards associated with patterns of increasing earnings[J].Journal of accounting research,37(2):387-413.

BEASLEY M S,1996. An empirical analysis of the relation between board of director composition and financial statement fraud[J]. The accounting review,71(4):443-465.

BEATTY A，CHAMBERLAIN S L，MAGLIOLO J，1995.Managing-financial reports of commercial banks：the influence of taxes，regulatory capital and earnings[J].Journal of accounting research,33(2)：231-262.

BENEISH M D,2001.Earnings management：a perspective.[J]. Managerial finance,27(12)：3-17.

BOOTH J R，SMITH Ⅱ R L,1986. Capital raising，underwriting and the certification hypothesis[J]. Journal of financial economics，15(1):261-281.

BRAV A P,GOMPERS A,1997.Myth or reality？ Thelong-run under-performance of initial public offerings：evidence from venture and nonventure capital-backed companies[J].The journal of finance,52(5):1791-1821.

BROWN P R,1999.Earnings management a subtle and troublesome) twist to earnings quality[J].Journal of financial statement analysis，4:61-64.

BURGSTAHLER D，DICHEV I,1997.Earnings management to avoid earnings decreases and losses[J]. Journal of accounting and economics,24(1):99-126.

BURGSTAHLER D，EAMES M，2006.Management of earnings and analysts' forecasts to achieve zero and small positive earnings surprises[J].Journal of business finance& accounting,33(5-6):633-652.

BYGRAVE W D，TIMMONS J A,1992.Venturecapital at the cross-roads[M].Harvard Business Press.

CAHAN S F,1992.The effect of antitrust investigations on discretionary accruals: a refined test of the political-cost hypothesis[J]. Accounting review,73(3):77-95.

CAHAN S F, CHAVIS B M, ELMENDORF R G, 1997. Earnings management of chemical firms in response to political costs from environmental legislation [J]. Journal of accounting, auditing& finance,12(1):37-65.

CAMPBELL Ⅱ T L,FRYE M B,2009. Venture capitalist monitoring: Evidence from governance structures[J]. The quarterly review of economics and finance,49(2):265-282.

CAMPBELL T L, FRYE M B, 2006. Venture capitalist involvement and the long-run performance of IPOs[J]. The journal of private equity,10(1):7-17.

CARTER R, MANASTER S,1990. Initial public offerings and underwriter reputation[J]. Journal of finance,45:1045-1067.

CHAHINE S, FILATOTCHEV I,2008. The effects of venture capitalist affiliation to underwriters on short-and long-term performance in French IPOs[J]. Global finance journal,18(3): 351-372.

CHAMBERS R J,1999. The poverty of accounting discourse[J]. Abacus,35(3):241-251.

CHANG S C, CHUNG T Y, LIN W C, 2010. Underwriter reputation, earnings management and the long-run performance of initial public offerings[J]. Accounting and finance,50(1):53-78.

CHEMMANUR T J, FULGHIERI P,1994. Investment bank reputation, information production and financial intermediation[J]. The journal of finance,49(1):57-79.

CHEN C，SHI H，XU H P，2013. Underwriter reputation，issuer ownership，and pre-IPO earnings management：evidence from China [J].Financial management,42(3):647-677.

CHEN K C，YUAN H,2004. Earnings management and capital resource allocation：evidence from China's accounting-based regulation of rights issues[J].The accounting review,79(3)：645-665.

CHEN X，LEE C-W J J，LI J，2013.Chinese Tango：government assisted earnings management[R]. Working Paper,Tsinghua University.

CHI W C，LISIC L L，PEVZNER M，2011.Is enhanced audit quality associated with greater real earnings management？[L].Accounting horizons,25(2):315-335.

COASE R H,1937.The nature of the firm[M].Economica,4(16):386-405.

COHEN D A ，DEY A，LYS T Z，2008.Real and accrual-based earnings management in the pre and post sarbanes oxley periods[J].The accounting review,83(3):757-787.

COHEN D A，ZAROWIN P,2010. Accrual-based and real earnings management activities around seasoned equity offerings[J].Journal of accounting and economics,50:2-19.

COLLINS J H，SHACKELFORD D A，WAHLEN J M，1995.Bank differences in the coordination of regulatory capital,earnings,and taxes[J].Journal of accounting research(2):263-291.

DEANGELO H，DEANGEL L，SKINNER D J，1994. Accounting choice in troubled companies[J].Journal of accounting and economics,17(1):113-143.

DEANGELO L E, 1988. Managerial competition, information costs, and corporate governance: the use of accounting performance measures in proxy contests[J]. Journal of accounting and economics, 10 (1):3-36.

DECHOW P M, SLOAN R G, 1991. Executiveincentives and the horizon problem: an empirical investigation[J]. Journal of accounting and Economics, 14(1):51-89.

DECHOW P M, SLOAN R G, HUTTON A P, 1995. Detecting earnings management[J]. Accounting Review, 70: 193-225.

DEFOND M, JIAMBALVO J, 1994. Debt covenant violation and manipulation of accruals: accounting choice in troubled company[J]. Journal of accounting and economics, 17(1-2): 145-176.

DEGEORGE F, PATEL J, ZECKAUSER R, 1999. Earnings management to exceed thresholds[J]. The Journal of Business, 72(1):1-33.

DEMSETZ H, LEHN K, 1985. The structure of corporate ownership: causes and consequences[J]. The journal of political economy: 1155-1177.

DESAI M A, DHARMAPALA D, 2006. Corporate tax avoidance and high-powered incentives[J]. Journal of financial economics, 79(1): 145-179.

DONALDSON L, DAVIS J H, 1994. Boards and company performance-research challenges the conventional wisdom[J]. Corporate governance: an international review, 2(3): 151-160.

DYE R A, 1988. Earnings management in an overlapping generations model[J]. Journal of accounting research, 26(2):195-235.

FAMA E,1980.Agency problem and theory of the firm[J].Journal of political economy,88：288-307.

FAMA E,JENSEN M C,1983.Agency problem and residual claims [J].Journal of Law and Economics,26:327-349.

FAN Q,2007.Earnings management and ownership retention for initial public offering firms：theory and evidence[J]. The accounting review，82(1)：27-64.

FAN J P H,WONG T J,2002.Corporate ownership structure and the informativeness of accounting earnings in East Asia[J].Journal of accounting and economics，33(3)：401-425.

FRANCIS B B，HASAN I,2001.The underpricing of venture and non-venture capital IPOs：an empirical investigation[J].Journal of financial services research,19(2-3):99-113.

FRIEDLAN J M,1994.Accounting choices of issuers of initial public offerings[J].Contemporary Accounting Research,11(1):1-31.

FULGHIERI P，SEVILIR M，2009. Size and focus of a venture capitalist's portfolio[J].Review of financial studies,22(11)：4643-4680.

GIOIELLI S A G,2008,De Carvalho.The dynamics of earnings management in IPOs and the role of venture capital[R].Working paper.

GOEL A M，THAKOR A V,2003.Why do firms smooth earnings? [J].The journal of business,76(1)：151-192.

GOMPERS P A,1996.Grandstanding in the venture capital industry [J].Journal of financialeconomics,42(1):133-156.

GRACE M,LEVERTY J,2010.Political cost incentives for managing the property-liability insurer loss reserve[J].Journal of accounting research,48(1):21-49.

GRAHAM J R, HARVEY C R, RAJGOPAL S, 2005.The economic implications of corporate financial reporting[J].Journal of accounting and economics,40(1): 3-73.

GROSSMAN S J, HART O D,1986.The costs and benefits of ownership: a theory of vertical and lateral integration[J]. The journal of political economy,(4): 691-719.

GUENTHER D A,1994.Earnings management in response to corporate tax rate changes: evidence from the 1986 Tax Reform Act[J]. Accounting review,69: 230-243.

GUIDRY F, LEONE A J, ROCK S, 1999.Earnings-based bonus plans and earnings management by business-unit managers[J]. Journal of accounting and economics,26(1):113-142.

GUNNY K,2005.What are the consequences of real earnings management[R].Workingpaer.

GUNNY K A,2010.The relation between earnings management using real activities manipulation and future performance: evidence from meeting earnings benchmarks [J]. Contemporary accounting research,27(3): 855-888.

HALL B H, HALL R E, HEATON J, et al. , 1993.The value and performance of US corporations[J].Brookings papers on economic activity:1-49.

HAMAO Y, PACKER F,RITTER J R , 2000.Institutional affiliation and the role of venture capital: evidence from initial public offerings in Japan[J].Pacific-Basin finance journal,8(5): 529-558.

HART O, MOORE J,1990.Property rights and the nature of the firm [J]. Journal of political economy,98(6):1119-1158.

HAW I M, QI D Q , WU W,1998.Earnings management of listed firms in response to security regulations in China's emerging capital market[R].Working Paper.

HAYN C,1995.The information content of losses[J].Journal of accounting and economics,20(2): 125-153.

HEALY P M,1985.The effect of bonus schemes on accounting decisions[J].Journal of accounting and economics,7(1):85-107.

HEALY P M, PALEPU K G,1990.Effectiveness of accounting-based dividend covenants[J].Journal of accounting and economics,12(1): 97-123.

HEALY P M, WAHLEN J M,1999.A review of the earnings management literature and its implications for standard setting[J].Accounting horizons,13(4):365-383.

HELLMANN T, PURI M,2002.Venturecapital and the professionalization of start-up firms: empirical evidence[J].The journal of finance,67(1),169-197.

HOCHBERG Y V,2012.Venture capital and corporate governance in the newly public firm[J].Review of finance,16(2):429-480.

HOLTHAUSEN R W, LARCKER D F, SLOAN R G,1995.Annual bonus schemes and the manipulation of earnings[J].Journal of accounting and economics,19(1): 29-74.

HUNT A, MOYER S E, SHEVLIN T,1996.Managing interacting accounting measures to meet multiple objectives: a study of LIFO firms[J].Journal of accounting and economics,21(3): 339-374.

JAIN B A, KINI O,1994.The post-issue operating performance of IPO firms[J].Thejournal of finance,49(5):1699-1726.

JAIN B A, KINI O,1995.Venture capitalist participation and the post-issue operating performance of IPO firms[J]. Managerial and decision economics,16(6):593-606.

JENSEN M, MECKLING W,1976.Theory of the firm: managerial behavior, agency costs,and ownership structure[J].Journal of financial economics,3:305-360.

JENSEN M C,2010. The modern industrial revolution, exit and the failure of internal control system[J].Journal of applied corporate finance, 22(1):43-58.

JONES J,1991.Earnings management during import relief investigations[J].Journal of accounting research,29(2):193-228.

KAPLAN S N, STRÖMBERG P, 2000. How do venture capitalists choose investments[R].Working Paper,University of Chicago.

KAPLAN S N, STRÖMBERG P,2003. Financial contracting theory meets the real world: an empirical analysis of venture capital contracts[J].The review of economic studies,70(2): 281-315.

KEY K G,1997.Political cost incentives for earnings management in the cable television industry[J]. Journal of accounting and economics, 23(3): 309-337.

KOH K,MATSUMOTO D A,RAJGOPAL S,2008.Meeting or beating analyst expectations in the post-scandals world:changes in stock market rewards and managerial actions[J].Contemporary Accounting Research,25(4):1067-1098.

KUO J M,NING L,SONG X Q,2014.The real and accrual-based earnings management behaviors: evidence from the Split Share Structure Reform in China[J].The international journal of accounting,49:101-136.

LA PORTA R, LOPEZ-DE-SILANES F, SHLEIFER A, et al., 1999.The quality of government[J]. Journal of law, economics, and organization, 15(1): 222-279.

LEE G,MASULIS R W,2011.Do more reputable financial institutions reduce earnings management by IPO issuers[J].Journal of corporate finance,17(4):982-1000.

LEE P,WAHAL M S,2004.Grandstanding, certification and the underpricing of venture capital backed IPOs[J].Journal of financial economics,73(2):375-407.

LIN T H,SMITH R L,1998.Insiderreputation and selling decisions: the unwinding of venture capital investments during equity IPOs [J]. Journal of corporate finance,4(3): 241-263.

LIPTON M,LORSCH J W,1992.A modest proposal for improved corporate governance[J].The business lawyer: 59-77.

LUO W,2006.Earnings management and reputation of venture capitalists[D].Peking University.

MAGRATH L, WELD L G,2002.Abusive earnings management and early warning signs[J].CPA journal,72(8):50-54.

MARTIN D R, ALDHIZER Ⅲ G R,CAMPBELL J L,et al.,2002.

When earnings management becomes fraud[J].Internal auditing,17 (4): 14-21.

MAKAR S D, ALAM P, 1998.Earnings management and antitrust investigations:political costs over business cycles[J].Journal of business finance & accounting, 25(5-6):701-720.

MEGGINSON W L, WEISS K A,1991.Venture capitalist certification in initial public offerings[J].The journal of finance,46(3):879-903.

MILLS D Q,2001.Who's to blame for the bubble.[J].Harvard business review,79(5): 22.

MORSFIELD S G, TAN C E,2006. Doventure capitalists influence the decision to manage earnings in initial public offerings[[J].The accounting review,81(5):1119-1150.

MOYER S E,1990.Capital adequacy ratio regulations and accounting choices in commercial banks[J].Journal of accounting and economics,13(2):123-154.

MYERS J N, MYERS L A,SKINNER D J,2007.Earnings momentum and earnings management[J].Journal of accounting, auditing & finance,22(2):249-284.

PEASNELL K V, POPE P F, Young S, 2005.Board monitoring and earnings management:do outside directors influence abnormal accruals? [J]. Journal of business finance & accounting, 32(7-8): 1311-1346.

PETRONI K R,1992.Optimistic reporting in the property-casualty insurance industry[J].Journal of accounting and economics,15 (4): 485-508.

PORCANO T M,TRAN A V,1998.Relationship of tax and financial accounting rules in Anglo-Saxon countries[J]. The international journal of accounting,33(4): 433-454.

KASZNIK R,1999.On the association between voluntary disclosure and earnings management[J].Journal of accounting research,37(1): 57-81.

RANGAN S,1998.Earnings management and the performance of seasoned equity offerings[J]. Journal of financial economics,50(1): 101-122.

RICHARDSON S A, TEOH S, WYSOCKI P D, 1999. Tracking analysts' forecasts over the annual earnings horizon: are analysts' forecasts optimistic or pessimistic[R].working paper,University of Michigan Business School.

ROYCHOWDHURY S,2006.Earnings management through real activities manipulation[J].Journal of accounting and economics,42(3):335-370.

SAHLMAN W A,1988.Aspects of financial contracting in venture capital[J].Journal of applied corporate finance,1(2):23-36.

SAHLMAN W A,1990.The structure and governance of venture-capital organizations[J].Journal of financial economics,27(2):73-521.

SCHIPPER K,1989.Commentary on earnings management[J].Accounting horizons,3(4): 91-102.

SCHOLES M S,WILSON G P,WOLFSON M A,1990.Tax planning, regulatory capital planning, and financial reporting strategy for commercial banks[J].Review of financial studies,3(4):625-650.

SKINNER D J，SLOAN R G，2002.Earnings surprises，growth expectations，and stock returns or don't let an earnings torpedo sink your portfolio[J].Review of accounting studies,7(2-3)：289-312.

SWEENEY A P，1994. Debt-covenant violations and managers' accounting responses[J].Journal of accounting and economics,17(3)：281-30.

TEOH S H,Welch I，WONG T J,1998.Earnings management and the long-run market performance of initial public offerings[J].The journal of finance,53(6):1935-1974.

TEOH S H，WELCH I，WONG T J,1998.Earnings management and the underperformance of seasoned equity offerings[J].Journal of financial economics ,50(1):63-99.

TEOH S H,WONG T,RAO G R,1994.Incentives and opportunities for earnings management in initial publicofferings[J].Review of accouting studyies,3:175-208.

TITMAN S,TRUEMAN B，1986.Information quality and the valuation of new issues[J]. Journal of accounting and economics，8(2)：159-172.

WANG C K，WANG K M,LU Q,2003.Effects of venture capitalists' participation in listedcompanies[J].Journal of banking & finance,27(10):2015-2034.

WARFIELD J W，WILD K，1995.Managerial ownership,accounting choices,and in formativeness of earnings[J]. Journal of accounting and economics(20)：61-91.

WATTS R L,ZIMMERMAN J L,1986. Positive accounting theory

[M]. Prentice Hall, Inc.

WATTS R L, ZIMMERMAN J L, 1978. Towards a positive theory of the determination of accounting standards[J]. The accouting review, 2:112-134.

WATTS R L, ZIMMERMAN J L, 1990. Positive accounting theory: a ten year perspective[J]. The accounting review, 65(1):131-156.

WILLIAM R S, 1997. Financial accounting theory [M]. NewYork: Prentice-Hall, Inc. :13-55.

WONGSUNWAI W, 2007. Does venture capitalist quality affect corporate governmant [R]. Workingpaper, Stanford Graduate School of Business.

WONGSUNWAI W, 2013. The effect of external monitoring on accrual-based and real earnings management: evidence from venture-backed initial public offerings[J]. Contemporary accounting research, 30(1): 296-324.

XU Z R, TAYLOR G K, 2007. Economic cost of earnings management through stock repurchases[R]. Tuscaloosa: Culver house School of Alabama.

ZANG A Y, 2007. Evidence on the tradeoff between real manipulation and accrual manipulation[R]. Working paper, University of Rochester.

ZANG A Y, 2012. Evidence on the trade-off between real activities manipulation and accrual-based earnings management[J]. The accounting review, 87(2):675-703.